DAS ERSTE MÖVENPICK KOCHBUCH

DAS ERSTE
MÖVENPICK
KOCHBUCH

SÜDWEST

© 1988

Südwest Verlag
GmbH & Co. KG, München
und
Werbeagentur Mövenpick AG,
Adliswil
Alle Rechte, auch des
auszugsweisen Abdrucks,
vorbehalten
Printed in Germany

Buchgestaltung:
Rolf B. Willi, Anita Lussmann,
Zürich
Werner Brugger,
Werbeagentur Mövenpick AG

Fotos:
Thomas Cugini, Zürich

Satz:
Typostudio
SchumacherGebler,
München

Reproduktion und Druck:
Wenschow-Franzis, München

Einband:
Oldenbourg, München

ISBN 3-517-01027-8

Im Hinblick auf das in der
Schweiz beheimatete Unter-
nehmen und die Schweizer
Autoren wurde die
schweizerische Schreibweise
mit ss beibehalten.

Dieses Buch wurde auf Initiative von Frau Jutta Prager, Generaldirektorin Mövenpick, zum 40jährigen Jubiläum des Unternehmens herausgegeben.

Projektleitung und Rezepte:
Stefan Jaggi, Direktor Werbeagentur Mövenpick
Horst Mahler, Direktor zentrale Angebotsplanung und Entwicklung
Klaus Pape, zentrale Angebotsplanung, eidg. dipl. Küchenchef

Unter der Leitung von Peter Bossard, Chef der Testküche, und
Willi Baumgartner, Chef-Pâtissier, wurden alle Rezepte von folgenden
Mitarbeitern getestet:

Evelyne Aemisegger	*Angelica Hiltmann*	*Heidi Lohr*	*Christine Schwarzenbach*
Silvia Balmer	*Sigrid Hofer*	*Daniela Lüthy*	*Luigi Soldan*
Jürg Baumann	*Judith Hofstetter*	*Regula Merkli*	*René Stählin*
Ruth Berger	*Brigitte Huber*	*Monica Merten*	*Elisabeth Stalder*
Sonja Bieri	*Therese Huber*	*Edgar Meyer*	*Rolf Steinemann*
Rolf Bucher	*Rita Hug*	*Bernadette Naef*	*Marlene Strickler*
Gaudenz Caveng	*Jean Marc Hunziker*	*Stefan Niklaus*	*Ines Walser*
Ueli Eggenberger	*Sonja Isler*	*Patrick Pastega*	*Iris Walter*
Maria Filipovic	*Christine Keller*	*Rajana Petersen*	*Marianne Wüster*
Hedi Füchslin	*Rosemarie Kleinschmidt*	*Christoph Rickli*	*Inge Ziegler*
Rosmarie Gloor	*Kurt Knobel*	*Martha Rogenmoser*	*Lore Zuckschwerdt*
Marianne Gmünder	*Irene Kofler*	*Silvia Schäffer*	*Evelyne Zürcher*
Carmen Guizzardi	*Peter Lautenschlager*	*Christa Schaller*	
Edith Herger	*Claire Leist*	*Franziska Schaub*	
Irene Herrigel	*Esther Lendenmann*	*Monica Scherrer*	

Inhalt

VORWORT

Ueli Prager
Direktionspräsident der
Mövenpick-Unternehmungen

Mein Leben lang habe ich mich mit dem beschäftigt, was man als Tafelfreuden bezeichnen kann. Bin ich ein Gourmet? Ich zögere, dazu ja zu sagen. Wenn ein Gourmet ein Anhänger von sechsteiligen Gourmet-Menüs ist, dann bin ich keiner.
Wenn ein Gourmet einer ist, der mit einem Stück Brot, einem Stück Käse und einem guten Wein – und einem interessanten Buch oder einem inspirierenden Gespräch – einen schönen Abend verbringt, dann bin ich einer.
Allerdings einem Brot vom besten Bäcker der Stadt, einem Käse – nicht einer grossen Auswahl –, von dem kein besserer zu finden ist, und einem Wein, über den man reden kann. Einen frisch gefischten Dorsch, zart gekocht, mit zerlassener Butter und jungen Kartoffeln in der Schale, geniesse ich heute so, wie ich morgen dem Sole, am „Knochen" gebraten noch rosa, oder einer Galway Auster mit einem Chablis cru oder einem barrel fermented Chardonnay von Mondavi die Reverenz erweise.
Eine perfekte Quiche Lorraine, die meine Frau zu Hause zubereitet, ist für mich eine abgerundete Mahlzeit. Ich brauche keine drei Gänge. Mein Augenmerk war von Beginn meiner beruflichen Laufbahn an darauf gerichtet, das beste Rohprodukt in der Welt aufzutreiben.
Mit der Qualität des Rohproduktes fängt das gute Kochen an. Auch ein Meisterkoch kann aus mittelmässigen Lebensmitteln keine Meisterwerke fabrizieren.
Mir sind einfache Gerichte lieb. Ich mag nicht Buffets mit gequälten Plastiken und Gelatine.
Vor allem mag ich nicht, wenn ein Koch oder ein Gasthaus mehr zu scheinen versuchen, als Talent beziehungsweise Erscheinungsbild es nahe legen.

Wahrhaftigkeit in den Tafelfreuden ist für mich das
Wichtigste. Vor wirklichen Künstlern, einem Fredy
Girardet, Louis Outhier, Roger Verger, Eckart
Witzigmann, habe ich hohen Respekt. Ich respek-
tiere neben ihrer Kochkunst etwas, das ich fast noch
höher einstufe: nämlich ihre Unermüdlichkeit, ihre
Bereitschaft, Tag für Tag, jahraus jahrein, den
grossen Auftritt vor ihrer Kundschaft – einer kriti-
schen Gästeschar – zu wagen und zu gewinnen.
Ich habe versucht, eine Gastronomie zu zelebrieren,
die im Alltag Freude macht, bei der man drei- oder
gar siebenmal in der Woche gerne einkehrt. Zwang-
los, so wie es einem zumute ist. Anspruchsvoll in
dem, was im Glas und auf dem Teller ist, unkompliziert jedoch in der Art des Darbietens. Ebenso sorgfältig in der Herstellung eines Salattellers oder eines
Birchermüeslis wie eines Homard Newburg. In den
vierzig Jahren Mövenpick wurden an unseren vielen
Herden Tausende von Rezepten erprobt und in
Wettbewerben unter unseren besten Köchen getestet.
Die wirkliche Jury aber waren stets unsere Gäste.
Sie haben durch die Wiederholung ihrer Bestellung
das Urteil gefällt.

Ueli Prager

WIE ICH MEIN ERSTES MÖVENPICK KOCHBUCH BENÜTZE

85 Rezepte aus Mövenpicks Profiküche – hunderttausendfach bewährt – und jetzt für den Privathaushalt neu bearbeitet, genau beschrieben und alle farbig fotografiert: ein Hauch von Mövenpick bei Ihnen zu Hause, ein Buch, aus dem jeder herauspicken kann, wonach ihm gerade die Geschmackssinne stehen, etwas Kleines, etwas Exotisches, ein Dessert, ein Salatteller als Hauptmahlzeit oder ein ganzes Menü in mehreren Gängen. Auch das ist möglich in „Ihrem Mövenpick": Schon zur Vorspeise haben Sie die Qual der Wahl unter Mövenpickereien, Suppen, Salaten, Fischen oder Meerestieren. Als Hauptgang wählen Sie Fleisch, Geflügel oder Fisch. Aber auch ohne Fleisch schlemmen Sie mit interessanten Gerichten aus Gemüse und selbstgemachten Nudeln. Und den krönenden Abschluss finden Sie unter den zahlreichen berühmten Mövenpick-Desserts. Wenn Sie die Rezepte genau befolgen, kann wirklich nichts schiefgehen, denn sie wurden von Hobbyköchinnen und -köchen mehrmals nachgekocht!

VOR DEM EINKAUF

Die Mövenpick-Küche ist eine ehrliche, einfache Küche ohne übertriebene oder teure Zutaten. Trotzdem lohnt es sich, die Rezepte vor dem Einkaufen genau zu studieren.

REZEPTSTRUKTUR

Alle Rezepte sind in dieser logischen Reihenfolge abgefasst:

Zutaten: Die Gewichtsangaben beziehen sich auf die küchenfertigen Zutaten, weil die Rüstabfälle immer unterschiedlich sind. Die Profis haben sich die Mühe gemacht, die Rüstabfälle zu berechnen – Sie finden sie in der Rüst- und Verlusttabelle auf Seite 226/227.
Grundzutaten, die immer wieder gebraucht werden, sind im Kapitel „Grundrezepte" zusammengefasst und werden bei den einzelnen Gerichten nicht nochmals beschrieben.

Vorbereitung: Eine gute „Mise-en-place" ist halb gekocht! Besonders Gerichte „à la minute", wie sie fast ausschliesslich in der chinesischen Küche vorkommen, würden nie stimmen oder verkochen, wären nicht sämtliche Vorarbeiten griffbereit ausgeführt. Nehmen Sie sich deshalb diese Zeit! Zur Vorbereitung gehört auch das rechtzeitige Auftauen möglicher Vorräte aus dem Tiefkühler, ein Grund mehr, das Rezept genau durchzulesen!

Zubereitung: Hier wird Ihnen gesagt, welche Pfanne oder welche Küchengeräte sich dazu am besten eignen. Allerdings sind wir der Meinung, dass in jeder einigermassen normal ausgerüsteten Privatküche nach Mövenpick gekocht werden kann. Wir sind unkompliziert, und sollte einmal etwas fehlen, haben Sie für Alternativen bestimmt genügend Phantasie.

Anrichten: Wir beschreiben nur, was die Farbabbildungen nicht zeigen. Bestimmt sind Ihnen diese einfachen und wunderschönen Fotos Anregung genug, denn jedes Rezept ist bebildert! Bei den Aufnahmen wurde nicht gemogelt, so dass Ihnen eine ebenso schöne Präsentation gelingen kann.

Tips: Wenn wir Ihnen etwas Spezielles über einzelne Zutaten oder zum Einkauf empfehlen, finden Sie's hier, auch unsere Vorschläge für Beilagen oder Variationsmöglichkeiten.

MENGENANGABEN

Wenn nicht etwas anderes vermerkt ist, sind alle
Rezepte für vier Personen berechnet. Für den Klein-
haushalt werden die Zutaten einfach halbiert. Das
gilt auch für Gerichte, die man zur Vorspeise servieren möchte – da genügt die Hälfte, es sei denn, es
sind sechs bis acht Personen.
Für die Masse und Gewichte werden die üblichen
Abkürzungen verwendet:

g	Gramm	EL	Esslöffel
kg	Kilo	KL	Kaffeelöffel
cl	Zentiliter	St	Stück
dl	Deziliter	Bl	Blatt
l	Liter	Tr	Tranche/Scheibe

1 Prise ist genau so viel, wie Sie zwischen Daumen
und Zeigefinger fassen können. Aber auch hier gilt:
unbedingt abschmecken, denn Würzen ist
Geschmackssache! Dazu ein Tip: Getrocknete
Gewürze sind unmittelbar vor ihrer Verwendung
zwischen den Fingern zu verreiben (rebeln).

ZEITANGABEN

Brat- und Kochzeiten stimmen in der Regel. Je nach
Herdmodell können sie jedoch abweichen, besonders in den Backöfen. Überprüfen Sie deshalb beim
ersten Mal die Zeit- und vor allem die Tempera-
turangaben und korrigieren Sie entsprechend.

FACHAUSDRÜCKE

Auf Fachausdrücke haben wir möglichst verzichtet.
Denn wozu Gemüse in „Julienne" schneiden, wenn
man dies auf deutsch „in feinen Streifen" ausdrücken kann? Wir Schweizer nennen die Dinge
manchmal bei anderen Namen als in Deutschland
oder Österreich. Eine Zusammenstellung finden Sie
unter „Fachbegriffe und schweizerische Ausdrücke",
Seite 238.

MÖVENPICK HAT EINE EIGENE SPRACHE

Als internationale Gastgeber sprechen wir viele
Sprachen. Dieses sprachliche Allerlei findet sich auf
unseren Karten und auch in diesem Buch wieder.
Wo nötig, stehen die deutschen Bezeichnungen
unter Zutaten oder Tips. Wir meinen, auch das ist
eine Abwechslung, die den Alltag interessant macht
– typisch Mövenpick!

OB WARM ODER KALT: MÖVENPICKEREIEN

Erleben Sie in diesem Buch eine kulinarische Vielfalt, die uns über viele Grenzen hinaus berühmt gemacht hat! Eine Kleinigkeit zu essen, kalt oder warm, wann immer Sie mögen, ist Teil unserer gastronomischen Philosophie. Schliesslich picken die Möven auch keine Elefantenportionen…
Ob als einzelne oder als Menügerichte serviert – immer sind es einfache und doch nicht alltägliche Rezepte, mit Zutaten, die nicht zu teuer sind und die Sie überall auftreiben können, ohne Detektiv spielen zu müssen. Neben den köstlichen Toast-Ideen sind es vor allem die Lachs-Spezialitäten, die wir seit eh und je hegen und pflegen. Darauf sind wir stolz, und deshalb verkaufen wir diese Spezialitäten aus unseren hauseigenen Räuchereien selbstverständlich auch „über die Gasse" oder im Handel – für Sie und Ihre Freunde!
Dass Lachs nicht einfach Lachs ist, werden Sie spätestens beim Gravlaks, den wir selbst marinieren, schmecken oder beim Grönländer Wildlachs, den wir besonders zart räuchern. Doch wie gesagt: Erleben Sie selbst in diesem Buch die kulinarische Welt von Mövenpick!

Bauern-Terrine

6 Portionen

Zutaten:

1 EL	Olivenöl
2 EL	Cognac
400 g	mageres Schweinefleisch, grob gehackt
400 g	Pouletfleisch, ohne Haut, ohne Knochen, grob gehackt
100 g	geräucherter, magerer Speck, in sehr dünnen Tranchen
100 g	Pouletleber
1 Prise	Koriander, gemahlen
1 Prise	Nelkenpfeffer, gemahlen
	Salz
	weisser Pfeffer aus der Mühle
1 KL	Basilikum, getrocknet, gerebelt
20 g	Butter (1)
20 g	Butter (2)
120 g	Zwiebeln, gehackt

Tip:

Wer keine Terrinenform besitzt, kann auch eine längliche feuerfeste Form benutzen und ganz mit Alufolie einwickeln (wenn kein Deckel vorhanden ist). Der Speck kann mit einem Lorbeerblatt belegt werden. Als Beilage eignen sich: Salate jeder Art, dunkles Brot, Butter, Portweingelée.

Vorbereitung:

Feuerfeste Terrinenform (1 l Inhalt) mit den Magerspeckscheiben auslegen.

Die Leber von allfälligen Galleresten und Nerven säubern.

Butter (1) in einer Teflonpfanne erhitzen und die Leber kurz anbraten.

Butter (2) in einer Teflonpfanne erhitzen und die gehackten Zwiebeln anziehen.

Zubereitung:

Das Poulet- und Schweinefleisch sowie die Zwiebeln mit dem Cognac und Olivenöl mischen.

Basilikum, Nelkenpfeffer, Koriander, weissen Pfeffer dazugeben, mit Salz abschmecken.

Alles gut mischen und die Hälfte der Masse in die Terrinenform einfüllen, die angebratene Leber darauf verteilen.

Die restliche Fleischmasse gleichmässig über die Leber verteilen, glattstreichen, mit dem überlappenden Speck abdecken.

Den Deckel daraufsetzen und im Kühlschrank ca. 2 Stunden ruhen lassen.

Die Terrine mit dem Wasserbad bei ca. 160°C im Backofen 1 Stunde und 40 Minuten pochieren lassen.

Terrine aus dem Ofen nehmen und bei Raumtemperatur erkalten lassen.

Die abgekühlte Terrine ca. 1 bis 2 Tage im Kühlschrank ruhen lassen.

Anrichten:

Mit einem spitzen Küchenmesser die Terrine in der Form schneiden und auf Teller anrichten.

Terrinenform mit Speckscheiben auslegen.

Angebratene Geflügelleber in die Terrinenmasse legen.

Terrinenmasse mit den überlappenden Speckenden bedecken.

Terrine im Wasserbad pochieren.

GEFLÜGELLEBER-TERRINE

6 Portionen

Zutaten:

130 g	geräucherter Speck, ohne Schwarte
300 g	frische Geflügelleber
1 St	frischer Thymianzweig
1 St	Lorbeerblatt
	Salz
	weisser Pfeffer aus der Mühle
2 St	Schalotten
4 EL	Portwein oder Cognac
100 g	Butter
3 St	Eiweiss

Vorbereitung:

Den Speck in ca. 5 mm kleine Würfel schneiden.

Die Butter bei Zimmertemperatur etwas weich werden lassen und anschliessend mit einem Schneebesen in einer Schüssel schaumig rühren.

Die Leber von allfälligen Galleresten und Nerven säubern.

Die Schalotten schälen und fein hacken.

Zubereitung:

Eine Teflonpfanne erhitzen.

Die Speckwürfel dazugeben und bei mässiger Hitze glasig anziehen.

Die Geflügelleber, Thymianzweig und Lorbeerblatt dazugeben und die Leber bei nicht zu starker Hitze braten. Mit Salz und Pfeffer würzen.

Wenn die Leber beinahe gar ist, die feingehackten Schalotten beifügen und etwas mitdünsten lassen.

Den Inhalt der Pfanne in eine Schüssel geben und mit dem Cognac oder Portwein übergiessen.

Das Ganze ca. 2 Stunden zugedeckt ziehen lassen.

Thymianzweig und Lorbeerblatt herausnehmen, die Masse durch ein Haarsieb streichen oder mit einer Küchenmaschine fein pürieren. Die schaumige Butter unter die Masse rühren, abschmecken.

Eiweiss zu nicht ganz steifem Schnee schlagen und vorsichtig beimengen.

Die fertige Terrinenmasse in eine geeignete Form füllen, mit Alufolie abdecken und für einen Tag in den Kühlschrank stellen.

Anrichten:

Zum Anrichten einen Esslöffel in heisses Wasser tauchen und ovale Terrinenstücke formen.

Als Beilage Pariserbrot, Toast oder ein Brötchen und Butter servieren.

BEEFSTEAK TATAR

4 Portionen

Zutaten:	
550 g	Tatarfleisch, gehackt
4 St	Eigelb
80 g	Tatarfleischsauce (Grundrezept Seite 212)
	schwarzer Pfeffer aus der Mühle
	Salz
8 Tr	Toastbrot oder dunkles Brot
	Butter

Tip:

Das Tatarfleisch so kurz wie möglich vor dem Gebrauch einkaufen.
Sie können Ihr Tatar mit Cognac, Calvados oder Whisky verfeinern.
(Ca. 1 Kaffeelöffel pro Person).
Die halbe Portion eignet sich auch als Zwischengericht, angerichtet auf getoastetem Brot. Garniert nach Belieben mit frischen Zwiebeln, Essiggurken oder Meerrettich.
Dieser Toast kann roh oder auf der Fleischseite kurz angebraten serviert werden.
Anstelle von Toast eignet sich auch Vollkornbrot, Kümmelbrot oder Baguette sehr gut.

Vorbereitung:

Tatarfleischsauce bereitstellen.

Zubereitung:

Tatarfleisch, Eigelb und die Tatarfleischsauce in eine nicht zu grosse Schüssel geben und mit zwei Gabeln gut vermischen.

Mit Salz und Pfeffer abschmecken.

Anrichten:

Das angemachte Tatar in vier Portionen aufteilen, auf Teller anrichten und mit einer Gabel gefällig formen.

Das Brot toasten und mit der Butter zusammen dazu servieren.

GRAVLAKS UND SAUCE LIDINGOE

4 Portionen

Zutaten:

2 EL	frischer Dill, abgezupft, fein gehackt
80 g	milder Tafelsenf
30 g	Zucker
1 St	kleines Eigelb
2 EL	weisser Kräuteressig
1 dl	Sonnenblumenöl
	Salz
	weisser Pfeffer aus der Mühle
400 g	Gravlaks
200 g	Dillrahm-Gurkensalat (Grundrezept Seite 225)
8 Tr	Toastbrot
4 St	Salatblätter (Kopfsalat, Icebergsalat oder Chicorino rosso)

Vorbereitung:

Eigelb, Senf, Zucker und Essig in eine kleine Schüssel geben und mit einem Schneebesen alles gut verrühren.

Das Sonnenblumenöl unter ständigem Rühren ganz langsam dazugeben.

Den gehackten Dill daruntermischen und die Sauce mit Salz und Pfeffer abschmecken.

Dillrahm-Gurkensalat bereitstellen.

Den Gravlaks in ca. 5 mm dicke Tranchen schneiden (wenn er nicht schon geschnitten eingekauft wurde).

Anrichten:

Den Gravlaks anrichten.

Die Salatblätter neben den Gravlaks legen und den Dillrahm-Gurkensalat darauf anrichten.

Das Toastbrot toasten und zusammen mit der Sauce Lidingoe separat dazu servieren.

TOAST LOUIS ARMSTRONG

4 Portionen

Zutaten:	
150 g	Tomaten
10 g	Butter (1)
100 g	Zwiebeln, geschält
30 g	Butter (2)
400 g	Schweinshuft, geschnetzelt
	Salz
	weisser Pfeffer aus der Mühle
3 El	Erdnussöl
5 dl	Champignons-Rahmsauce (Grundrezept Seite 210)
4 Tr	Toastbrot
1 EL	Schnittlauch, geschnitten

Tip:

Wenn immer möglich, das Schweinefleisch selbst oder durch den Metzger von Hand schnetzeln.

Vorbereitung:

Tomaten schälen, halbieren, Kerne entfernen und in kleine Würfel schneiden.

Zwiebel halbieren, die Wurzeln herausschneiden und in feine Streifen schneiden.

Champignons-Rahmsauce vorbereiten, erhitzen und warm stellen.

Zubereitung:

Butter (1) in einer Teflonpfanne erhitzen, die Tomatenwürfel kurz dünsten und warm stellen.

Butter (2) in einer anderen Teflonpfanne erhitzen und die Zwiebelstreifen langsam goldgelb dünsten. Ebenfalls warm stellen.

Das Schweinefleisch mit Salz und Pfeffer würzen, in drei Teile teilen und nacheinander mit je einem Esslöffel Erdnussöl in einer heissen Pfanne kurz anbraten. Das Fleisch aus der Pfanne nehmen und warm stellen.

Zu der Champignons-Rahmsauce das angebratene Schweinefleisch geben, gut mischen (nicht mehr kochen).

Das Toastbrot toasten und auf heisse Teller anrichten.

Das Geschnetzelte über die Toasts verteilen. Mit den Tomatenwürfeln und den Zwiebeln garnieren.

Mit Schnittlauch bestreuen.

Tomatenfliege ausstechen, oben kreuzweise einritzen.

In kochendem Wasser kurz ziehen lassen, abkühlen.

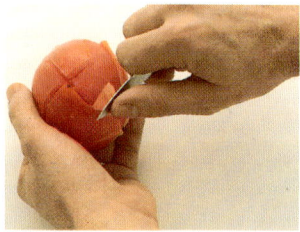

Haut abziehen.

Tomate in sechs Schnitze schneiden und entkernen.

Tomatenfleisch in Streifen, dann in Würfel schneiden.

Chickentoast Maori

4 Portionen

Zutaten:	
80 g	rote Peperoni, Kerne entfernt
140 g	frische Ananas, geschält
160 g	geschälte Äpfel, ohne Kerngehäuse
4 dl	Curry-Rahmsauce (Grundrezept Seite 209)
½ dl	Rahm
2 EL	Erdnussöl
400 g	Pouletfleisch, geschnetzelt
4 Tr	Toastbrot
20 g	gehobelte Mandeln, geröstet
	Salz
	weisser Pfeffer aus der Mühle

Vorbereitung:

Die Peperoni in feine Streifen schneiden, in kochendes Wasser geben, einmal aufkochen, abschütten und erkalten lassen.

Die Ananas in ca. 1 cm grosse Würfel schneiden.

Die Äpfel in gleich grosse Würfel schneiden wie die Ananas.

Die Currysauce und den Rahm in einer mittelgrossen Kasserolle erhitzen.

Zubereitung:

Das Pouletgeschnetzelte würzen, in zwei Teile teilen und nacheinander mit je einem Esslöffel Erdnussöl in einer Teflonpfanne kurz anbraten.

Die Peperonistreifen, die Ananas- und Apfelwürfel zusammen in einer anderen Pfanne kurz erhitzen, mit dem Fleisch mischen.

Das Toastbrot toasten und anrichten.

Das Fleisch mit den Früchten darüber verteilen, die Sauce dazugeben.

Die gehobelten Mandeln darüberstreuen.

Tip:

Verwenden Sie, wenn möglich, für das geschnetzelte Pouletfleisch ganze Pouletbrüste, ohne Haut, ohne Knochen, und schnetzeln Sie diese von Hand. Lieber etwas gröber. Mandeln rösten: Am besten im Ofen bei ca. 170/180° C auf einem Backblech.

Kraut und Boden der Ananas wegschneiden, die Ananas aufstellen und mit einem Sägemesser schälen.

Die geschälte Ananas in ca. 1cm dicke Scheiben schneiden, den Strunk ausstechen, Scheiben in Würfel schneiden.

CROUSTADE FRANÇAISE

4 Portionen

Zutaten:

4 Tr	Toastbrot
6 dl	Champignons-Rahmsauce (Grundrezept Seite 210)
160 g/8 Tr	Tilsiterkäse
160 g/8 Tr	Bauernschinken, gekocht
1 Prise	Paprikapulver

Tip:

Anstelle von Tilsiter eignet sich auch ein anderer milder Hartkäse.
Als Beilage zu diesem Gericht passt sehr gut Kabissalat.

Vorbereitung:

Champignons-Rahmsauce vorbereiten, erhitzen und warm stellen.

Den Ofen auf maximale Oberhitze vorheizen.

Zubereitung:

Das Toastbrot toasten und anrichten.

Die Champignons-Rahmsauce über die Toasts verteilen.

Den Tilsiterkäse auf die Champignons-Rahmsauce legen und im Ofen auf der obersten Rille zerlaufen lassen.

In der Zwischenzeit den Schinken in einer grossen Teflonpfanne auf beiden Seiten kurz anbraten.

Die Toasts aus dem Ofen nehmen und je eine Scheibe Schinken rechts und links neben die Toasts legen.

Auf jeden Toast eine Prise Paprikapulver streuen.

Feuilleté
mit Austernsaitlingen
und Broccoli

4 Portionen

Zutaten:

4 St	Blätterteigstücke, ausgerollt (je 7 × 10 cm, ca. 4 mm dick)
1 St	kleines Eigelb
200 g	Austernsaitlinge, geputzt
120 g	Broccoliröschen, tiefgekühlt
100 g	Tomatenwürfel (Seite 24)
60 g	Butter
2 EL	Zwiebeln, gehackt
1 St	kleine Knoblauchzehe, gehackt
½ dl	Weisswein
2,5 dl	Doppelrahm
	Salz
	weisser Pfeffer aus der Mühle

Tip:

Die Stiele der Austernsaitlinge sind in der Regel zäh und müssen deshalb entfernt werden.
In der Saison kann auch frischer Broccoli verwendet werden. Dieser muss dann vorgekocht werden (so, dass er noch Biss hat).
Die restlichen Broccoliröschen lassen sich für Gemüsesalat oder eine Suppe verwenden.

Vorbereitung:

Backofen auf 190 °C vorheizen.

Die Blätterteigstücke auf ein Backblech legen, mit dem Eigelb bestreichen und auf der untersten Rille ca. 20 Minuten backen.

Die Austernsaitlinge in mittelgrosse Stücke schneiden.

Die Broccoliröschen auftauen lassen.

Zubereitung:

Eine grosse Teflonpfanne erhitzen, Butter beigeben und zerlaufen lassen.

Die Zwiebeln und die Knoblauchzehe beigeben und kurz dünsten.

Die Austernsaitlinge beifügen, mit Salz und Pfeffer würzen und ebenfalls kurz dünsten.

Den Weisswein und den Doppelrahm dazugeben und ca. 2 Minuten leicht kochen lassen.

Die aufgetauten Broccoliröschen dazugeben, nochmals aufkochen, abschmecken und warm stellen.

Die gebackenen Blätterteigstücke waagerecht halbieren, den Boden anrichten und die Pilzsauce darüber verteilen.

Die Tomatenwürfel in einer kleinen Teflonpfanne kurz erwärmen und darüberstreuen.

Den Deckel schräg darauflegen.

Blätterteigstücke mit gequirltem Eigelb bis ca. 2 mm an den Rand bestreichen.

Mit einem Gabelrücken Muster einritzen.

RAUCHLACHS MIT RAHMRÜHREI

4 Portionen

Zutaten:

4 Tr	*Vollkorntoast*
80 g	*Quarkaufstrich (Grundrezept Seite 213)*
240 g/8 Tr	*Rauchlachs*
40 g	*Butter*
4 St	*Eier*
1,2 dl	*Rahm*
1 EL	*Schnittlauch, geschnitten*
4 St	*kleine Dillzweige*
	Salz
	weisser Pfeffer aus der Mühle

Tip:

*Mövenpick besitzt eigene Räuchereien und räuchert sämtlichen Rauchlachs, der auch im Detailhandel erhältlich ist, selbst.
Mövenpick Rauchlachs ist mild gesalzen und hat einen zarten Rauchgeschmack.
Mövenpick Rauchlachs ist als ganze Seite oder geschnitten im Detailhandel erhältlich.
Der Lachsliebhaber wird für ein Lachsessen mit mehreren Personen der ganzen Seite den Vorzug geben. Er schneidet mit dem scharfen Lachsmesser leicht schräg von der Kopf- zur Schwanzseite Tranche um Tranche.*

Vorbereitung:

Quarkaufstrich bereitstellen.

Eier aufschlagen, gut verrühren und mit dem Rahm vermischen.

Mit Salz und Pfeffer würzen.

Den geschnittenen Schnittlauch zu den Eiern geben.

Toast toasten und diagonal halbieren.

Zubereitung:

Eine Hälfte der Toasts mit dem Quarkaufstrich bestreichen, mit je zwei Tranchen Rauchlachs belegen und anrichten.

Die Butter in einer heissen Teflonpfanne zerlaufen lassen, die aufgeschlagenen Eier dazugeben und bei schwacher Hitze mit einem Holzspachtel die Rühreier herstellen.

Die andere Toasthälfte neben den Rauchlachs legen und je ein Viertel der Rühreier darauf anrichten.

Die Dillzweige garnieren.

Den Rauchlachs vorne schräg anschneiden, feine Scheiben bis zur grauen Blutbahn hin schneiden.

Rauchlachs auf Rösti
mit Sauerrahm

4 Portionen

Zutaten:	
500 g	mittelgrosse Kartoffeln, mit Schale
200 g	saurer Halbrahm (15 %)
10 g	Schnittlauch, geschnitten
60 g	Butter
240 g	Rauchlachs
	Salz
	weisser Pfeffer aus der Mühle
4 St	kleinere Iceberg-Salatblätter

Tip:

Die Pfanne für die Rösti nicht zu stark erhitzen, da die Butter sonst verbrennt. Zu Grossmutters Zeiten wurden Rösti immer mit Schweineschmalz hergestellt.

Vorbereitung:

Die Kartoffeln mit der Schale kochen und sehr gut auskühlen lassen. (Wenn möglich, schon am Vortag kochen).

Die gekochten Kartoffeln schälen und mit einer Röstiraffel reiben (Seite 150).

Den sauren Halbrahm mit dem Schnittlauch vermischen und mit Salz und Pfeffer abschmecken.

Zubereitung:

Die geraffelten Kartoffeln in vier Teile teilen und in einer kleinen Teflonpfanne mit der Butter nacheinander vier kleine Rösti herstellen (Seite 150) und anrichten.

Den Rauchlachs schneiden (Seite 32) und gefällig neben die Rösti legen.

Die Salatblätter garnieren und den Schnittlauch-Sauerrahm daraufgeben.

BEEFSTEAK TATAR BASILIC

4 Portionen

Zutaten:	
1 dl	*Olivenöl, kaltgepresst*
3	*kleine Knoblauch-zehen, geschält*
15 St	*frische Basilikumblätter*
1 EL	*Zitronensaft, frisch gepresst*
550 g	*Tatarfleisch, gehackt*
4 St	*Eigelb*
60 g	*Tatarfleischsauce (Grundrezept Seite 212)*
120 g	*kleine Champignons, ganz*
8 Tr	*Toastbrot*
	Salz
	schwarzer Pfeffer aus der Mühle
	Butter

Tip:

Anstelle von Toast eignet sich auch Vollkornbrot, Kümmel-brot oder Baguette sehr gut. Das Tatarfleisch möglichst kurz vor Gebrauch einkaufen.

Vorbereitung:

Die Knoblauchzehen zusammen mit den Basili-kumblättern ganz fein hacken und mit dem Olivenöl verrühren.

Mit dem Zitronensaft, Salz und Pfeffer abschmecken.

Die Tatarfleischsauce bereitstellen.

Die Champignons putzen.

Zubereitung:

Tatarfleisch, Eigelb, die Hälfte der Basilikumsauce und die Tatarfleischsauce in eine mittelgrosse Schüssel geben.

Mit zwei Gabeln gut vermischen.

Mit Salz und Pfeffer abschmecken und anrichten.

Die restliche Basilikumsauce über das angerichtete Tatar träufeln.

Die Champignons in Scheiben schneiden und um das Tatar garnieren.

Das Toastbrot toasten und mit der Butter dazu servieren.

GRÖNLÄNDER CREVETTEN
MIT LAUCHSALAT

4 Portionen

Zutaten:	
500 g	mitteldicke Lauchstengel
2 dl	Joghurt Dressing (Grundrezept Seite 223)
400 g	Grönländer Crevetten
2 Tr	Toastbrot

Vorbereitung:

Den Lauch putzen und den dunkelgrünen Teil abschneiden.

Den geputzten Lauch der Länge nach halbieren, gut waschen und schräg in 2 cm breite Stücke schneiden.

Die Lauchstücke in kochendem Salzwasser ca. 1 Minute kochen lassen, abschütten und gut abtropfen lassen.

Den so vorbereiteten Lauch mit dem Joghurt Dressing vermischen.

Anrichten:

Den marinierten Lauch anrichten und die Grönländer Crevetten in die Mitte darauflegen.

Das Toastbrot toasten, diagonal halbieren und je ein Stück an die Grönländer Crevetten legen.

Lauch der Länge nach halbieren, mit der Schnittfläche nach unten schräg in ca. 2 cm breite Streifen schneiden.

CREVETTEN
MIT AVOCADOSAUCE AUF TOAST

4 Portionen

Zutaten:

4 Tr	Toastbrot
40 g	Butter
8 St	Iceberg-Salatblätter
140 g	Avocadosauce (Grundrezept Seite 207)
400 g	Grönländer Crevetten
8 St	Tomatenscheiben
½ KL	Schnittlauch, geschnitten

Tip:

Die Avocadosauce erst kurz vor Gebrauch herstellen, da sie sich sehr schnell verfärbt.

Vorbereitung:

Avocadosauce herstellen.

Anrichten:

Das Toastbrot toasten und mit der Butter bestreichen.

Je zwei Salatblätter auf die Toastscheiben legen und die Avocadosauce gleichmässig darauf verteilen.

Die Grönländer Crevetten leicht aufgehäuft auf die Avocadosauce anrichten.

Je zwei Tomatenscheiben an den Rand legen und mit dem Schnittlauch bestreuen.

Geflügelleber-
Champignons-Toast

4 Portionen

Zutaten:

80 g	Café-de-Paris-Butter (Grundrezept Seite 204)
60 g	Butter
400 g	frische Pouletleber
1 St	kleine Zwiebel, geschält
200 g	frische Champignons
1 dl	Weisswein
4 EL	Schnittlauch, geschnitten
4 Tr	Toastbrot
	Salz
	weisser Pfeffer aus der Mühle

Tip:

Die Café-de-Paris-Butter soll vor dem Gebrauch Zimmertemperatur haben.

Vorbereitung:

Die Café-de-Paris-Butter bereitstellen.

Die Leber von allfälligen Galleresten und Nerven säubern und halbieren.

Die frischen Champignons putzen und vierteln.

Die Zwiebel fein hacken.

Das Toastbrot toasten, anrichten und warm stellen.

Zubereitung:

Die Butter in einer grossen, heissen Teflonpfanne erhitzen, die Leber dazugeben und so braten, dass sie innen noch rosa ist.

Die gehackten Zwiebeln und die Champignons beigeben, mit dem Weisswein ablöschen und den Schnittlauch darüberstreuen.

Die Pfanne vom Feuer nehmen.

Die Café-de-Paris-Butter unter vorsichtigem Rühren untermischen.

Anrichten:

Die Leber-Pilz-Mischung auf die bereitgestellten Toastscheiben gleichmässig verteilen.

BAUDROIE-CURRY-TOAST

4 Portionen

Zutaten:	
400 g	Baudroie-Filet (Seeteufel), enthäutet
8 Tr	Toastbrot
3 EL	Erdnussöl
2 dl	Curry-Rahmsauce (Grundrezept Seite 209)
150 g	Bananen, geschält
150 g	Peperoni, rot, ohne Kerne
60 g	Butter
20 g	Korinthen
½ dl	Rahm
	Salz
	weisser Pfeffer aus der Mühle

Vorbereitung:

Baudroie-Filet in fingerdicke Streifen schneiden.

Bananen in 5 mm dicke Scheiben schneiden.

Curry-Rahmsauce bereitstellen.

Peperoni waschen und in ca. 4 cm lange Streifen schneiden.

Die Peperonistreifen in kochendem Wasser aufkochen lassen, abschütten und abkühlen lassen.

Zubereitung:

Das Toastbrot toasten und auf die Teller verteilen.

Die Baudroie-Streifen mit wenig Salz und Pfeffer würzen.

Das Öl in einer grossen Teflonpfanne erhitzen, die Baudroie-Streifen kurz braten und warm stellen.

Die Peperoni und die Bananen mit der Butter kurz dünsten.

Die Currysauce und den Rahm dazugeben, aufkochen und über die Toastscheiben nappieren.

Die gebratenen Baudroie-Streifen gefällig darüber verteilen und mit den Korinthen bestreuen.

Rahmrührei
mit Schnittlauch auf Toast

4 Portionen

	Zutaten:
100 g	Tomatenwürfel (Seite 24)
8 St	Eier
2,5 dl	Rahm
30 g	Schnittlauch, geschnitten
	Salz
	weisser Pfeffer aus der Mühle
2 EL	Butter (1)
6 Tr	Toastbrot
1 EL	Butter (2)

Tip:

Dazu passen ausgezeichnet alle Blattsalate.

Vorbereitung:

Die Eier aufschlagen.

Den Rahm dazugeben und mit einem Schneebesen gut verrühren.

Den Schnittlauch dazugeben.

Mit Salz und weissem Pfeffer abschmecken.

Zubereitung:

Das Toastbrot toasten und vier Scheiben auf Teller anrichten.

Butter (1) in einer grossen Teflonpfanne erhitzen.

Die Eimasse dazugeben und mit einem Holzspachtel bei schwacher Hitze das Rührei herstellen.

Die Rühreimasse gleichmässig auf die Toasts verteilen.

Butter (2) in einer Teflonpfanne erhitzen, die Tomatenwürfel beigeben, erhitzen und gleichmässig auf das Rührei verteilen.

Die restlichen Toasts diagonal halbieren, rechts und links an das Rührei legen.

Rauchlachs mit Steinpilzen und Basilikum

4 Portionen

Zutaten:	
360 g	*Rauchlachs, pariert, in dünne Tranchen geschnitten*
100 g	*frische, sehr feste, kleine Steinpilze*
3 EL	*Olivenöl, kaltgepresst*
1	*kleine Knoblauchzehe, geschält*
10 St	*frische Basilikumblätter*
1 KL	*Zitronensaft (ca. ¼ Zitrone) frisch gepresst*
	Salz
	schwarzer Pfeffer aus der Mühle

Vorbereitung:

Knoblauchzehe zusammen mit den Basilikumblättern ganz fein hacken.

Das Olivenöl dazugeben, verrühren.

Mit dem Zitronensaft, Salz und Pfeffer abschmecken.

Zubereitung:

Die Rauchlachs-Tranchen nebeneinander anrichten.

Die Steinpilze putzen, in hauchdünne (ca. 1–2 mm) Scheiben schneiden und über den Rauchlachs verteilen.

Die Basilikumsauce mit einem Pinsel über die Pilze und den Rauchlachs verteilen.

Tip:

Die Steinpilze lassen sich am besten mit einer Aufschnittmaschine oder mit einem Trüffelhobel schneiden. Als Beilage zu diesem Gericht eignet sich besonders getoastetes Pariserbrot.

Feuilleté d'escargots

4 Portionen

Zutaten:	
5 EL	Petersilie, abgezupft, gehackt
100 g	Butter
½ KL	Salz
1 KL	Wasser, warm
1 KL	Schalotten, geschält, fein gehackt
1 KL	Knoblauchzehen, geschält, fein gehackt
½ KL	weisser Pfeffer aus der Mühle
1 KL	Zitronensaft, frisch gepresst
4 St	Blätterteigstücke, ausgerollt (7 × 10 cm, ca. 4 mm dick)
1 St	kleines Eigelb
200 g	Tomatenwürfel (Seite 24)
24 St	Schnecken (Dose), abgetropft
½ dl	Weisswein
4 Tr/40 g	Rohschinken
4 St	kleine Thymian-zweiglein

Vorbereitung:

Weiche Butter in eine kleine Schüssel geben und gut schaumig rühren.

Salz mit etwas warmem Wasser auflösen und zusammen mit Petersilie, Schalotten, Knoblauch und Zitronensaft gut unter die Butter rühren und mit Pfeffer abschmecken.

Backofen auf 190°C vorheizen.

Die Blätterteigstücke mit Eigelb bestreichen und auf dem Backblech auf der untersten Rille ca. 20 Minuten backen.

Die Tomatenwürfel in einer kleinen Teflonpfanne leicht erhitzen und warm stellen.

Zubereitung:

Die Feuilletés horizontal aufschneiden und den Boden auf die Teller anrichten. Die Deckel warm stellen.

Den Rohschinken in einer heissen Teflonpfanne beidseitig braten und auf die Blätterteigböden anrichten.

Die heissen Tomatenwürfel gleichmässig auf die Schinkentranchen verteilen.

Die Schnecken in einer kleinen Teflonpfanne mit dem Weisswein erhitzen, bis die Flüssigkeit verdampft ist.

Die Buttermischung zu den Schnecken geben und unter vorsichtigem Rühren das Ganze mischen.

Die Schnecken, je 6 Stück, mit der Butter auf die Tomatenwürfel verteilen.

Die gewärmten Blätterteigdeckel schräg darauflegen.

Die Thymianzweiglein garnieren.

MALAKOFF DE VINZEL

4 Portionen bzw.
8 Croûtes

Zutaten:	
300 g	Greyerzer Käse, rezent, gerieben
1 St	Knoblauchzehe, geschält
2 St	Eier
1 EL	Kirschwasser
8 g/1 EL	Mehl
4 g/1 KL	Backpulver
8 Tr	Toastbrot
400 g	Cole Slaw (Grundrezept Seite 224)
4 St	Salatblätter

Tip:

Die Croûtes Malakoff munden am besten, wenn sie heiss gegessen werden. Die Malakoff können auch mit kleinerem Durchmesser hergestellt werden (Ø ca. 4 cm) und eignen sich so vortrefflich als Apéritifgebäck. Mit einem Glaceschöpfer (Ø ca. 5 cm) lässt sich die Masse gut auf den Toast portionieren.

Vorbereitung:

Den Cole Slaw herstellen.

Den Knoblauch fein hacken.

Mehl und Backpulver vermischen.

In einer mittelgrossen Schüssel die Eier aufschlagen, den Greyerzer Käse und das Kirschwasser beigeben.

Die Mehl-Backpulver-Mischung durch ein Kaffeesieb dazu sieben und mit einem Holzlöffel gut vermischen.

Die Friture auf 170°C vorheizen.

Die Toastbrotscheiben mit einem runden Ausstecher (Ø 8 cm) ausstechen.

Zubereitung:

Die rund ausgestochenen Toastbrote toasten.

Pro Toast 50 g Käsemasse halbkugelförmig aufstreichen.

Die Oberfläche der Käsemasse mit einem kurz in heisses Wasser getauchten Spatel glattstreichen.

Die bestrichenen Toasts in der Friture bei 170°C, Käseseite nach unten, goldgelb ausbacken. Backzeit 5 bis 5½ Minuten.

Anrichten:

Pro Person 2 Croûtes auf Teller anrichten.

Cole Slaw auf einem Salatblatt daneben garnieren.

Ein Süppchen

In der leichten Küche haben Suppen kaum noch Platz, es sei denn, sie werden als Hauptmahlzeit serviert oder in kleinen Portionen zur Vorspeise – beispielsweise vor einem Salat. Deshalb haben wir uns auf drei Suppen beschränkt – aber was für welche! Von einzigartigem Charakter.

CREMA DI ZUCCA

1 Liter (4 bis 6 Portionen)

Zutaten:	
400 g	Kürbis, geschält, entkernt
2 EL	Butter
2 St	kleine Schalotten, geschält
4 dl	klare Hühnerbrühe (Würfel)
4 dl	Vollrahm
	Salz
	weisser Pfeffer aus der Mühle

Tip:

Wenn kein Stabmixer vorhanden ist, pürieren Sie die Suppe im Mixbecher oder streichen sie als andere Alternative durch ein feines Sieb.

Vorbereitung:

Den geschälten, entkernten Kürbis in ca. 2 cm grosse Würfel schneiden.

Die Schalotten fein hacken.

Die Hühnerbrühe herstellen.

Zubereitung:

Die Butter in einer ca. 3-Liter-Kasserolle erhitzen.

Die gehackten Schalotten beigeben, kurz dünsten.

Die Kürbiswürfel dazugeben und ca. 4 Minuten mitanziehen.

Mit Hühnerbrühe aufgiessen und das Ganze bei mässiger Hitze ca. 30 Minuten leicht kochen.

Anschliessend mit einem Stabmixer fein pürieren, den Rahm beigeben und mit Salz und Pfeffer abschmecken.

Suppe bis zum Siedepunkt noch einmal erhitzen, jedoch nicht mehr aufkochen lassen, da sie leicht gerinnt.

Suppe durch das Püriersieb (Passe-Vite) treiben.

Suppe mit dem Stabmixer oder im Mixbecher pürieren.

Suppe durch ein feines Drahtsieb streichen.

SOUPE AUX MOULES

4 Portionen

Zutaten:	
800 g	französische Miesmuscheln, gereinigt
70 g	Lauch am Stück, ohne Grünteil
70 g	Zwiebeln, geschält
70 g	Fenchel, geputzt
150 g	Tomatenwürfel (Seite 24)
2,5 dl	Weisswein
2 dl	Wasser
3 EL	Olivenöl, kaltgepresst
2 St	kleine Knoblauch-zehen, geschält
1 KL	Pernod
	schwarzer Pfeffer aus der Mühle
1 Prise	Safran
1 EL	Schnittlauch, fein geschnitten

Tip:

Zu dieser Suppe passen Pariserbrot-Croûtons sehr gut. Nach Belieben können diese mit Butter und Knoblauch bestrichen werden.

Vorbereitung:

Die Zwiebeln halbieren, die Wurzel entfernen und in feine Streifen schneiden.

Den Fenchel halbieren, in feine, ca. 4 cm lange Streifen schneiden und waschen.

Den Lauch in ca. 4 cm lange, dünne Streifen schneiden und waschen.

Den Knoblauch fein hacken.

Zubereitung:

Den Weisswein, das Wasser und die Muscheln in eine ca. 3-Liter-Kasserolle geben und zugedeckt ca. 5 Minuten kochen lassen, bis alle Muscheln geöffnet sind. Die geöffneten Muscheln aus dem Fond nehmen, das Fleisch aus der Schale lösen und beiseite stellen. Den Muschelfond durch ein Tuch oder ein sehr feines Haarsieb laufen lassen.

Das Olivenöl in einer kleinen Kasserolle erhitzen.

Die geschnittenen Gemüse und den Knoblauch dazugeben und ca. 3 bis 5 Minuten dünsten. Mit dem Muschelfond auffüllen.

Pernod und Safran dazugeben und ca. 15 Minuten langsam kochen lassen.

Tomatenwürfel beigeben und mit schwarzem Pfeffer aus der Mühle abschmecken.

Anrichten:

Die ausgelösten Muscheln in kleine Suppenteller verteilen und die heisse Suppe darübergeben. Mit dem Schnittlauch bestreuen.

Fenchel halbieren, Strunk herausschneiden, in Blätter zerlegen, diese der Länge nach in feine Streifen schneiden.

Lauch in 4 cm lange Stücke schneiden, diese bis zur Mitte der Länge nach einschneiden.

Lauchstücke mit der Schnitt-fläche nach unten aus-einanderklappen, der Länge nach in feine Streifen schneiden.

CHICKEN-CURRY CREAM SOUP

1 Liter (4 bis 6 Portionen)

Zutaten:	
500 g	*Hühnerhälse, tiefgefroren*
100 g	*Zwiebeln, geschält*
200 g	*Tomaten*
50 g	*Stangensellerie, geputzt*
50 g	*Äpfel*
30 g	*Butter (1)*
1 St	*Knoblauchzehe, geschält*
50 g	*Mehl*
2 St	*Nelken*
3 St	*frische Pfefferminzblätter*
70 g	*rote Linsen, getrocknet*
1 KL	*Zitronensaft, frisch gepresst*
20 g	*Currypulver*
2 l	*warmes Wasser*
1 Prise	*Ingwerpulver*
50 g	*Butter (2)*
½ dl	*Rahm*
	Salz
	weisser Pfeffer aus der Mühle

Vorbereitung:

Die Hühnerhälse auftauen lassen.

Knoblauchzehe fein hacken.

Zwiebeln, Tomaten, Stangensellerie und Äpfel in grobe Stücke schneiden.

Den Rahm schlagen.

Zubereitung:

Die Butter (1) in einer ca. 3-Liter-Kasserolle erhitzen. Die Hühnerhälse dazugeben und dünsten.

Die Zwiebeln, das Gemüse und die Apfelstücke dazugeben und mitdünsten.

Mit dem Mehl stäuben und gut mischen.

Nelken, Pfefferminzblätter, die roten Linsen, die gehackte Knoblauchzehe, den Zitronensaft und das Currypulver zu den gedünsteten Gemüsen geben und alles gut vermischen. Mit dem Wasser auffüllen, gut verrühren und ca. 30 Minuten kochen lassen.

Die Hühnerhälse aus der Suppe nehmen. Die Suppe fein pürieren (siehe Seite 56). Wieder in die Kasserolle geben und je nach Konsistenz noch etwas einkochen lassen.

Mit Ingwerpulver, Salz und Pfeffer abschmecken.

Vor dem Servieren Butter (2) in die Suppe einrühren.

Anrichten:

Die Suppe in Suppentassen anrichten, je 1 Esslöffel geschlagenen Rahm daraufgeben und mit einer Prise Currypulver bestreuen.

SALATE GROSS GESCHRIEBEN

Anders als Suppen sind Salate bei Mövenpick von jeher ein ganz wichtiges Thema. Nicht nur hinsichtlich der Präsentation, sei es auf übergrossen Tellern oder auf einem Wagen oder Buffet, sondern vor allem auch hinsichtlich der Kreationen. Dass zarter Spinat genausogut als Salat schmeckt, wissen Mövenpick-Kunden seit vielen Jahren. Für Blattsalate brauchen Sie keine Rezepte – dafür finden Sie im Kapitel „Grundrezepte" nicht weniger als fünf Salatsaucen.

Dass mit etwas Phantasie aus Sommergemüsen wie Lauch und Artischocken herrliche Salate entstehen können, möchten wir Ihnen ebenso verraten wie die Kreationen aus Käse, Meeresfrüchen und Fleisch. Harmonische Kreationen, die jedes Auge und jeden Gaumen entzücken.

SALADE ZORBA
Griechischer Sommersalat

4 Portionen

Zutaten:	
5 EL	Sonnenblumenöl
3 EL	Zitronensaft, frisch gepresst
2 EL	Kräuteressig
1 KL	Tafelsenf
1 KL	Oregano, getrocknet, gerebelt
1 EL	Petersilie, frisch gehackt
300 g	Tomaten
300 g	Salatgurken
100 g	rote Peperoni, geputzt, ohne Kerne
125 g	griechischer Schafskäse (Féta)
120 g	Zwiebeln, geschält
35 g	schwarze Oliven
35 g	grüne Oliven
	schwarzer Pfeffer aus der Mühle
	Salz

Tip:

Wer Schafskäse nicht mag oder ihn nicht bekommt, kann einen rassigen Hartkäse in Würfel schneiden und über den Salat streuen.

Vorbereitung:

Sonnenblumenöl, Zitronensaft, Kräuteressig, Senf, Oregano und die gehackte Petersilie in eine Schüssel geben und zu einer Sauce vermischen.

Mit Salz und schwarzem Pfeffer abschmecken.

Die Tomaten ausstechen und in Sechstel schneiden.

Die Salatgurken waschen, der Länge nach halbieren und in 2 cm dicke Stücke schneiden.

Die Peperoni in 2 cm grosse Stücke schneiden.

Den Fétakäse in 1 cm grosse Würfel schneiden.

Die Zwiebeln halbieren, die Wurzel entfernen und in feine Streifen schneiden.

Zubereitung:

Die vorbereiteten Gemüse, den Käse und die Oliven in eine mittelgrosse Schüssel geben, die Sauce beifügen, alles vorsichtig mischen und nochmals abschmecken.

Anrichten:

Siehe Bild.

SALADE DE COQUILLES ST-JACQUES

4 Portionen

Zutaten:	
½ l	Wasser
1 KL	Salz
1 St	Zitrone
1 kg	Jakobsmuscheln, frisch, ausgelöst
1 dl	Sonnenblumenöl
1 dl	Kräuteressig
½ KL	Oregano, getrocknet, gerebelt
	weisser Pfeffer aus der Mühle
	Salz
25 g	Petersilie, frisch gehackt
30 g	Schnittlauch, geschnitten
25 g	Lauch, in feine Würfelchen geschnitten
30 g	Gartenkresse, fein gehackt
4 Blätter	Chicorino rosso
4 Blätter	weisser Chicorée

Vorbereitung:

Die Zitrone auspressen und den Saft zusammen mit dem Wasser und dem Salz zum Kochen bringen.

Die Jakobsmuscheln dazugeben, nochmals zum Siedepunkt bringen und ca. 2 Minuten ziehen lassen. Nicht kochen!

Die Jakobsmuscheln vom Herd nehmen und im Fond abkühlen lassen.

Die erkalteten Jakobsmuscheln aus dem Fond nehmen, den Muskel entfernen und in 5 mm dicke Scheiben schneiden.

Sonnenblumenöl, Kräuteressig, Oregano, Petersilie, Schnittlauch, die Lauchwürfelchen und die feingehackte Kresse in eine Schüssel geben und gut vermischen. Mit Salz und weissem Pfeffer abschmecken.

Anrichten:

Je 2 rote und 2 weisse Chicorée-Salatblätter anrichten.

Die Jakobsmuscheln auf die Salatblätter legen und mit der Sauce nappieren.

Tip:

Wenn Sie Jakobsmuscheln mit Rogen kaufen, dann wird der Rogen wie die Jakobsmuscheln pochiert. (Eventuelle braune Stellen werden abgeschnitten).

Muskel der Jakobsmuschel wegschneiden, ebenso den grauen, tranigen Teil des Rogens.

Gegarte Jakobsmuschel quer zur Faser in Scheiben schneiden.

SPINATSALAT MIT CHAMPIGNONS

4 Portionen

Zutaten:	
2 EL	Zwiebeln, geschält, fein gehackt
1 KL	Knoblauchzehe geschält, fein gehackt
1 KL	Zucker
1 KL	Tafelsenf
	Salz
	weisser Pfeffer aus der Mühle
2 EL	Estragonessig
½ dl	Sonnenblumenöl
80 g	geräucherter Speck, ohne Knorpel, in feinen Tranchen
1 EL	Butter
2 Tr	Toastbrot
1 St	Ei, roh
80 g	Champignons
350 g	junger Blattspinat

Vorbereitung:

Das Ei hartkochen, schälen und mit dem Eierschneider in Würfel schneiden.

Die Specktranchen in eine Teflonpfanne legen, beidseitig sehr knusprig braten, erkalten lassen und hacken.

Die Rinde von den Toastbrot-Tranchen entfernen und das Brot in 1 cm grosse Würfel schneiden.

Die Butter in einer kleinen Teflonpfanne erhitzen und die Brotwürfelchen goldbraun rösten.

Die Champignons putzen.

Den Spinat putzen, grobe Stiele entfernen und in viel Wasser gut waschen und abtropfen lassen.

Zwiebeln, Knoblauch, Zucker, Senf, Estragonessig und Sonnenblumenöl in eine kleine Schüssel geben, gut vermischen und mit Salz und Pfeffer abschmecken.

Zubereitung:

Die Champignons in Scheiben schneiden.

Den Spinat und die Champignons-Scheiben in die Sauce geben und gut vermischen.

Gekochtes und geschältes Ei der Länge nach mit dem Eierschneider durchschneiden. Das Ei um ein Viertel drehen und wieder der Länge nach durchschneiden.

Die Eierstreifen vorsichtig quer legen und nochmals durchschneiden.

Tip:

Den Salat erst ganz kurz vor dem Servieren mischen, da er sonst zusammenfällt. Dieser Salat sollte nur in der Saison zubereitet werden, wenn wirklich ganz junger Spinat erhältlich ist.

Anrichten:

Den Spinatsalat anrichten. Nacheinander die gehackten Eier, den feingehackten Speck und die Brotwürfelchen (Butter-Croûtons) darüberstreuen.

FENCHEL-APFEL-SALAT MIT CURRY

4 Portionen

Zutaten:	
280 g	Fenchel, gerüstet
280 g	Äpfel, gewaschen
150 g	Mayonnaise
50 g	Korinthen
1 EL	Currypulver
2 EL	Zitronensaft, frisch gepresst
1 dl	Vollrahm
	Salz
	weisser Pfeffer aus der Mühle
4 St	Iceberg-Salatblätter
4 St	Pariserbrot, Scheiben
1 KL	Fenchelkraut
1 KL	Butter

Tip:

Weiteres Fenchelkraut eignet sich sowohl gehackt im Salat oder als Zweiglein auf dem Salat.

Vorbereitung:

Fenchel halbieren und in 3 cm lange Streifen schneiden (siehe Seite 58).

Äpfel halbieren, die Kerne entfernen und in 3 cm lange Streifen schneiden.

Den Rahm schlagen.

Das Fenchelkraut fein hacken.

Zubereitung:

Fenchel, Äpfel und Korinthen in eine kleine Schüssel geben.

Die Mayonnaise, das Currypulver und den Zitronensaft dazugeben, alles gut vermischen.

Den geschlagenen Rahm vorsichtig unter den Salat mischen.

Mit Salz und Pfeffer abschmecken.

Anrichten:

Den Fenchelsalat auf die Iceberg-Salatblätter anrichten.

Die Pariserbrot-Scheiben toasten, mit Butter bestreichen, mit Fenchelkraut bestreuen und garnieren.

Apfel halbieren, Kerngehäuse entfernen, der Länge nach in dünne Scheiben schneiden.

Apfelscheiben in feine Streifen schneiden.

SOMMERGEMÜSE-SALAT

4 bis 5 Portionen

Zutaten:	
400 g	frischer Broccoli
150 g	rote Peperoni, ohne Kerne, gewaschen
150 g	gelbe Peperoni, ohne Kerne, gewaschen
2 St	grosse Artischocken
200 g	Zucchetti, geputzt, mit Schale, gewaschen
150 g	Austernsaitlinge, geputzt
1,5 dl	Olivenöl, kaltgepresst
½ dl	Rotwein-Chianti-Essig
½ dl	Bouillon
	Salz
	weisser Pfeffer aus der Mühle
½ St	Zitrone

Tip:

Die Artischockenböden können allenfalls durch Fenchelstreifen ersetzt werden.
Sie werden dann gleich behandelt wie die übrigen Gemüse.

Vorbereitung:

Broccoli in kleine Röschen schneiden (ergibt ca. 200 g) und waschen.

Die roten und gelben Peperoni in ca. 3 cm lange, grobe Streifen schneiden.

Artischockenböden aus den Artischocken herausschneiden, in Salzwasser und Zitronensaft, mit einem kleinen Tüchlein zugedeckt, ca. 20 Minuten kochen. Abkühlen lassen.

Die erkalteten Artischocken aus dem Fond nehmen und in ca. 5 mm dicke Scheiben schneiden.

Die Zucchetti in ca. 3 cm lange, grobe Stäbchen schneiden.

Die Austernsaitlinge in grobe Stücke schneiden.

Broccoli, Peperoni rot und gelb sowie die Zucchetti einzeln im Salzwasser kurz knackig kochen, herausnehmen und gut abtropfen lassen.

Zubereitung:

Das Olivenöl in eine grosse, flache Pfanne geben und erhitzen.

Die Peperoni, Zucchetti und Austernsaitlinge dazugeben und bei nicht zu starker Hitze dünsten. Die Artischocken-Scheiben dazugeben und kurz mitdünsten.

Mit Salz und Pfeffer abschmecken.

Den Essig, die Bouillon und die Broccoli-Röschen dazugeben, vorsichtig mischen und nochmals abschmecken.

Anrichten:

Siehe Foto.

Artischockenstiel an der Tischkante abbrechen, die äusseren Blätter abbrechen.

Das unterste Viertel der Artischocke abschneiden.

Die dunkelgrünen Blätter bis zum Artischockenfleisch wegschneiden.

Heu mit dem Löffel entfernen.

In Zitronenwasser garen.

LAUCHSALAT MIT VINAIGRETTE

4 Portionen

Zutaten:	
800 g	fingerdicker junger Lauch
1 EL	Salz
2 l	Wasser
2 St	Würfelzucker
20 g	Butter
2 EL	Zwiebeln, fein gehackt
2 EL	Gewürzgurken, fein gehackt
2 EL	frische Petersilie, fein gehackt
2 EL	kleine rote Peperoniwürfel
1 EL	Kapern, fein gehackt
5 EL	weisser Tafelessig (Weissweinessig)
1 dl	Sonnenblumenöl
	weisser Pfeffer aus der Mühle
	Salz

Vorbereitung:

Das Wasser mit dem Salz, dem Zucker und der Butter in einer passenden 4-Liter-Kasserolle zum Kochen bringen.

Den dunkelgrünen Teil vom Lauch entfernen. Die Wurzeln abschneiden und den Rest in ca. 10 cm lange Stücke schneiden. Gut waschen.

Die Lauchstücke in dem kochenden Wasser ca. 12 bis 14 Minuten kochen lassen.

Zwiebeln, Gewürzgurken, Petersilie, Peperoni, Kapern, Tafelessig und Sonnenblumenöl miteinander in eine kleine Schüssel geben und zu einer Sauce verrühren.

Mit Salz und Pfeffer abschmecken.

Anrichten:

Die Lauchstücke aus dem Wasser nehmen, sehr gut abtropfen lassen und anrichten.

Die Sauce über den angerichteten Lauch nappieren.

Tip:

*Die Garprobe beim Lauch lässt sich mittels einer Stricknadel vornehmen.
In der Spargelsaison kann das gleiche Rezept auch mit Spargel zubereitet werden.*

SOMMERTELLER
MIT POULARDENBRUST

4 Portionen

Zutaten:	
200 g	*Blattsalate*
1 St/500 g	*Melone*
8 St	*grosse Erdbeeren*
240 g	*Avocadosauce (Grundrezept Seite 207)*
1 St/500 g	*kleine frische Ananas*
1 dl	*Italian Dressing (Grundrezept Seite 221)*
60 g/4 Tr	*geräucherter Speck, ohne Knorpel*
½ dl	*Erdnussöl*
4 St/640 g	*Pouletbrust, mit Haut, ohne Knochen*
	Salz
	weisser Pfeffer aus der Mühle

Tip:

Die Avocadosauce sollte nicht zu früh hergestellt werden, da sie sich sehr schnell verfärbt (1 bis 2 Stunden). Als Blattsalate eignen sich sehr gut: Lattughino, Schnitt-salat, Lollo, Kopfsalat, Eichblattsalat.

Vorbereitung:

Die Blattsalate putzen, waschen und gut abtropfen lassen.

Die Melone der Länge nach in Schnitze schneiden, Kerne und Schale entfernen, Schnitze halbieren.

Die Erdbeeren waschen und halbieren.

Die Avocadosauce bereitstellen.

Die Ananas schälen (Seite 26), in acht Schnitze schneiden und halbieren.

Italian Dressing bereitstellen.

Zubereitung:

Die Specktranchen in einer Teflonpfanne auf beiden Seiten knusprig braten.

Das Erdnussöl in einer grösseren Teflonpfanne erhitzen, die Pouletbrüste mit Salz und Pfeffer würzen und, mit der Hautseite beginnend, auf beiden Seiten braten.

Anrichten:

Die Blattsalate mit dem Italian Dressing ver-mischen und anrichten.

Die Pouletbrüste aufschneiden und zusammen mit den übrigen Zutaten gefällig auf dem Salat ver-teilen.

Die Avocadosauce kann unter die Pouletbrüste angerichtet oder separat dazu serviert werden.

SOMMERTELLER
MIT GREYERZER KÄSE

4 Portionen

Zutaten:

200 g	Blattsalate
1 dl	Italian Dressing (Grundrezept Seite 221)
200 g	Greyerzer Käse, ohne Rinde
250 g	Hüttenkäse
1 St	rote Grapefruit
2 St	Birnen
8 St	Radieschen
1 EL	Korinthen
⁸/₂ St	Baumnusskerne

Tip:

Als Blattsalate eignen sich: Lattughino, Schnittsalat, Lollo, Kopfsalat. Eichblattsalat.

Vorbereitung:

Die Blattsalate putzen, waschen und gut abtropfen lassen.

Den Italian Dressing bereitstellen.

Den Greyerzer Käse in dünne Scheiben und die Scheiben in dünne Streifen schneiden.

Die Grapefruit schälen, vierteln, evtl. Kerne entfernen und in nicht zu dünne Scheiben schneiden.

Die Birnen waschen, der Länge nach halbieren, die Kerne entfernen und in Scheiben schneiden.

Die Radieschen putzen und waschen.

Anrichten:

Die Blattsalate mit dem Italian Dressing anmachen und anrichten.

Die übrigen Zutaten gefällig auf den Salat plazieren.

Grapefruitschale bis auf das Fruchtfleisch wegschneiden.

Grapefruit vierteln, Kerne entfernen, die Viertel in Scheiben schneiden.

Sommerteller mit angemachtem Tatar

4 Portionen

Zutaten:

120 g	junger Blattspinat
½ dl	Italian Dressing (Grundrezept Seite 221)
150 g	frische Champignons
80 g	Tatarfleischsauce (Grundrezept Seite 212)
520 g	Tatarfleisch
4 St	Eigelb
	Salz
	schwarzer Pfeffer aus der Mühle
1 Tr	Toastbrot für Butter-Croûtons (Seite 68, Spinatsalat)
1 EL	Butter

Vorbereitung:

Den Blattspinat putzen, waschen und gut abtropfen lassen.

Italian Dressing bereitstellen.

Champignons putzen.

Die Tatarfleischsauce bereitstellen.

Butter-Croûtons herstellen.

Zubereitung:

Das Tatarfleisch zusammen mit den Eigelben und der Tatarfleischsauce in eine mittelgrosse Schüssel geben und mit 2 Gabeln gut vermischen.

Mit Salz und Pfeffer abschmecken.

Die Champignons in Scheiben schneiden.

Anrichten:

Den Blattspinat und die Champignons mit dem Italian Dressing anmachen und anrichten.

Das Tatar rund formen und in die Mitte auf den Blattspinat legen.

Die Butter-Croûtons über den Salat streuen.

DIE FRÜCHTE DES MEERES

Meeresfrüchte sind die älteste Delikatesse der Menschheit. Die Schweizer verdanken es Ueli Prager und seinem ersten Mövenpick-Restaurant „Claridenhof", dass die Früchte des Meeres Alltagskost geworden sind. Obwohl in der klassischen Küche von jeher zelebriert, sahen zahlreiche Feinschmecker zum ersten Mal im Mövenpick einen Hummer oder einen Teller voll Muscheln, Crevetten, Scampi und Langusten.

Als Binnenland ist die Schweiz beim Bezug von Meeresfrüchten auf gut funktionierende Transportwege angewiesen. Mövenpicks Frischhaltegarantien sind so streng, dass je nach Standort das Tiefkühlen von fangfrischen Meeresfischen an Bord stundenlangem Lebendtransport vorgezogen wird. Das ist der Grund, weshalb Mövenpick sich sehr um Fangorte und -arten kümmert. Bei Mövenpick beginnt Qualität beim Einkauf!

Fische und Meeresfrüchte entsprechen ernährungsphysiologischen Ansprüchen in geradezu idealer Weise, weshalb sie nicht nur freitags auf den Tisch kommen sollten. Da sie allesamt leicht verdaulich und kalorienarm sind, wollen wir diese gesundheitlichen Vorteile nicht mit schweren Saucen zunichte machen, sondern mit raffinierten Kombinationen zur wahren Delikatesse vollenden!

SCAMPI DANIELI

4 Portionen

Zutaten:

20 St/ ca. 550 g	*Scampischwänze cal. 15/18, frisch oder gefroren*
2 EL	*Erdnussöl*
160 g	*Café-de-Paris-Butter (Grundrezept Seite 204)*
	Salz
	weisser Pfeffer aus der Mühle

Tip:

Als Beilage zu diesem Gericht eignet sich sehr gut Gemüsereis (Grundrezept Seite 218). Scampischwänze 15/18 bedeutet: 15 bis 18 Stück auf ein englisches Pfund von ca. 454 g. Erhalten Sie nur kleinere Scampi als angegeben, so nehmen Sie entsprechend mehr pro Portion.

Vorbereitung:

Die Café-de-Paris-Butter bereitstellen.

Die Scampi, wenn gefroren, im letzten Moment in kaltem Wasser auftauen lassen, schälen und entdarmen (siehe Seite 86).

Den Backofen auf maximale Oberhitze vorheizen.

Eine Beilage bereitstellen.

Zubereitung:

Das Öl in einer Teflonpfanne erhitzen.

Die Scampi mit Salz und Pfeffer würzen und in dem heissen Öl, auf der Rückenseite zuerst, auf beiden Seiten kurz anbraten.

Anrichten:

Die gebratenen Scampi anrichten und die Café-de-Paris-Butter darüber verteilen.

Die so vorbereiteten Scampi im heissen Ofen kurz überbacken und sofort servieren.

Dem aufgetauten Scampi die Bauchkruste eindrücken.

Scampifleisch ausbrechen (evtl. Tuch verwenden: Verletzungsgefahr).

Zuerst mit dem Rücken nach unten anbraten.

Scampi wenden und kurz braten.

RIESENCREVETTEN FRITES

4 Portionen

Zutaten:	
520 g	Riesencrevetten-schwänze, aufgetaut
3 EL	Mehl
2 dl	Bierteig (Grundrezept Seite 216)
300 g	Tataresauce (Grundrezept Seite 213)
2 St	Zitronen, ganz
	Salz
	weisser Pfeffer aus der Mühle

Tip:

Achten Sie auf die richtige Temperatur der Friture, da der Backteig sonst zu viel Öl aufsaugt.
Als Beilage zu diesem Gericht passt sehr gut Gemüsereis (Grundrezept Seite 218).

Vorbereitung:

Die Riesencrevetten bis zur Schwanzflosse schälen.

Den Darm der Riesencrevetten entfernen.

Den Bierteig bereitstellen.

Die Tataresauce bereitstellen.

Die Friture auf 180°C vorheizen (Erdnussöl).

Die Zitronen halbieren.

Zubereitung:

Die Riesencrevetten mit Salz und Pfeffer würzen und im Mehl beidseitig wenden.

Die gemehlten Riesencrevetten in den Bierteig eintauchen, gut abtropfen lassen und ca. 3 Minuten in dem heissen Öl backen.

Die gebackenen Riesencrevetten mit der Schaumkelle aus dem Öl nehmen und auf ein saugfähiges Küchenpapier legen.

Anrichten:

Die abgetropften Riesencrevetten anrichten.

Je eine halbe Zitrone garnieren.

Die Sauce dazu servieren.

Den Rücken der geschälten Riesencrevette (Garnele) vorsichtig einschneiden.

Den Darm vorsichtig herausziehen.

Mit Mehl bestäubte Crevetten in Bierteig eintauchen, anschliessend in der Friture backen.

Knusprig gebackene Crevetten auf Küchenpapier kurz trocknen lassen.

RIESENCREVETTEN ARMORICAINE

4 Portionen

Zutaten:	
520 g	Riesencrevetten-schwänze, aufgetaut, geschält
2 EL	Erdnussöl
2 EL	Zwiebeln, gehackt
2 EL	Cognac
1 EL	in Essig eingelegter Estragon, abgetropft
6 St	frische Basilikumblätter
3 dl	Sauce tomates concassées (Grundrezept Seite 211)
½ dl	braune Sauce, gebunden
1 dl	Rahm
1 EL	Petersilie, gehackt
	Salz
	schwarzer Pfeffer aus der Mühle

Vorbereitung:

Den Darm der Riesencrevetten entfernen, sofern diese beim Kauf nicht bereits entdarmt sind.

Die Sauce tomates concassées bereitstellen.

Die braune Sauce bereitstellen.

Die Estragonblätter zupfen und fein hacken.

Die Basilikumblätter in dünne Streifen schneiden.

Den Rahm schlagen und kalt stellen.

Zubereitung:

Das Öl in einer mittelgrossen Teflonpfanne erhitzen.

Die Riesencrevetten mit Salz und Pfeffer würzen und beidseitig kurz anbraten.

Die Zwiebeln dazugeben und ebenfalls kurz mitbraten.

Den Cognac über die Crevetten giessen und anzünden (flambieren).

Estragon, Basilikum, Tomates concassées und die braune Sauce dazugeben, alles gut mischen und einmal aufkochen.

Die Pfanne vom Herd nehmen.

Den geschlagenen Rahm vorsichtig daruntermischen und nochmals abschmecken.

Anrichten:

Die Riesencrevetten auf 4 Portionen verteilen.

Die Sauce gleichmässig darüber nappieren.

Mit der Petersilie bestreuen.

MOULES MARIN
Miesmuscheln

4 Portionen

Zutaten:	
2,5 kg	*Miesmuscheln, geputzt*
8 cl	*Olivenöl*
1 St	*Knoblauchzehe, gehackt*
2 EL	*Zwiebeln, gehackt*
1 dl	*Weisswein*
150 g	*Tomatenwürfel (Seite 24)*
2 dl	*Doppelrahm*
1 Prise	*Cayennepfeffer*
1 Prise	*Zucker*
1 EL	*frische Basilikumblätter, fein gehackt*
1 EL	*Petersilie, gehackt*

Tip:

Das Gericht nicht salzen, da das Wasser in den Muscheln genügend Salz enthält.

Vorbereitung:

Wenn Sie die Muscheln nicht geputzt kaufen können, so sind diese sorgfältig zu putzen und zu waschen.

Zubereitung:

Das Olivenöl in einer ca. 5-Liter-Kasserolle erhitzen.

Zwiebeln und Knoblauch dazugeben und kurz zusammen anziehen.

Tomatenwürfel, Weisswein, Cayennepfeffer und den Zucker dazugeben, kurz aufkochen.

Den Rahm, Basilikum und die Petersilie in die Sauce geben.

Die geputzten Muscheln zugeben und zugedeckt kochen lassen, bis sich alle Schalen geöffnet haben.

Anrichten:

Die Muscheln aus der Sauce nehmen, anrichten und warm stellen.

Die Sauce mit Pfeffer abschmecken, etwas einkochen lassen und über die Muscheln giessen.

Bart der Miesmuschel entfernen.

Die Muscheloberfläche mit dem Küchenmesser putzen, dann waschen.

Scampi au curry

4 Portionen

Zutaten:	
20 St/ ca. 550 g	Scampischwänze cal. 15/18, frisch oder gefroren
3 EL	Butter (1)
1 EL	Butter (2)
200 g	frische Ananas, geschält, geviertelt (s. Seite 26)
2,5 dl	Curry-Rahmsauce (Grundrezept Seite 209)
½ dl	Rahm
	Salz
	weisser Pfeffer aus der Mühle

Tip:

Als Beilage zu diesem Gericht eignet sich sehr gut Gemüsereis (Grundrezept Seite 218). Scampischwänze 15/18 bedeutet: 15 bis 18 Stück auf ein englisches Pfund von ca. 454 g. Erhalten Sie nur kleinere Scampi als angegeben, so nehmen Sie entsprechend mehr pro Portion.

Vorbereitung:

Sofern die Scampi gefroren sind, auftauen und schälen (siehe Seite 84/86).

Die Ananas in 5 mm dicke Scheiben schneiden.

Die Curry-Rahmsauce mit dem Rahm zusammen aufkochen und warm stellen.

Zubereitung:

Butter (1) in einer mittelgrossen Teflonpfanne zerlaufen lassen (nicht zu heiss).

Die geschälten Scampi mit Salz und Pfeffer würzen, in 3 Teile teilen und bei wenig Hitze kurz auf beiden Seiten braten (Rückenseite zuerst).

Butter (2) in einer kleineren Teflonpfanne erhitzen und die Ananasscheiben leicht braun braten.

Eine Beilage nach Ihrer Wahl bereitstellen.

Anrichten:

Die gebratenen Scampi anrichten und mit der Curry-Rahmsauce nappieren.

Die gebratenen Ananasscheiben und die Beilage garnieren.

MOULES AU CURRY
Miesmuscheln mit Curry

4 Portionen

Zutaten:	
2,5 kg	Muscheln, geputzt
½ dl	Erdnussöl
2 dl	Weisswein
2 EL	Currypulver
1 St	Knoblauchzehe, geschält, gehackt
6 dl	Rahm
1 Prise	Safran
4 EL	Kirschwasser
2 EL	Petersilie, gehackt
	weisser Pfeffer aus der Mühle

Tip:

Die Muscheln sollten beim Kauf fest geschlossen sein und nach frischem Meerwasser riechen.
Am besten eignen sich die kleinen bis mittelgrossen Miesmuscheln für dieses Gericht. Das Gericht nicht salzen, da das Wasser in den Muscheln genügend Salz enthält.

Vorbereitung:

Wenn Sie die Muscheln nicht geputzt kaufen können, so sind diese sorgfältig zu putzen und zu waschen (siehe Seite 90).

Zubereitung:

Das Erdnussöl in einer ca. 5-Liter-Kasserolle erhitzen.

Die geputzten Muscheln und das Currypulver dazugeben, den Weisswein dazugiessen und gut mischen.

Rahm, Knoblauch, Safran und Pfeffer dazugeben.

Den Topf zudecken und das Ganze kochen lassen, bis sich alle Muschelschalen geöffnet haben.

Den Kirsch und die Petersilie dazugeben, alles gut mischen.

Die Kasserolle vom Feuer nehmen.

Anrichten:

Die Muscheln mit einer Schaumkelle auf das Anrichtegeschirr verteilen.

Die Sauce zur gewünschten Dicke einkochen lassen und gleichmässig darübergiessen.

FILET DE CABILLAUD
AUX LÉGUMES
Kabeljau-Filet mit Gemüsestreifen

4 Portionen

Zutaten:	
100 g	Karotten, geschält
100 g	Knollensellerie, geschält
100 g	Fenchel, geputzt
100 g	Lauch, geputzt
80 g	Butter (1)
2 EL	Butter (2)
½ dl	Weisswein
600 g	Kabeljau-Filets (Dorsch)
2 dl	Tomaten-Schnitt-lauch-Vinaigrette (Grundrezept Seite 224)
	Salz
	weisser Pfeffer aus der Mühle

Vorbereitung:

Karotten und Sellerie in feine Streifen schneiden.

Fenchel in feine Streifen schneiden (siehe Seite 58).

Lauch in feine Streifen schneiden (siehe Seite 58).

Die Tomaten-Schnittlauch-Vinaigrette bereitstellen.

Das Kabeljau-Filet in 4 Stücke schneiden.

Zubereitung:

Butter (1) in einer kleinen Stielkasserolle erhitzen, Gemüse beigeben, zugedeckt knackig dünsten und warm stellen.

Butter (2) in einer flachen Kasserolle zerlaufen lassen.

Die Kabeljau-Filets darauflegen, Weisswein beigeben.

Mit Salz und Pfeffer würzen, zudecken und bei mässiger Hitze garen.

Karotten und Sellerie schälen. Mit der Aufschnittmaschine oder einem Gemüsehobel in dünne Scheiben schneiden. Die Scheiben in ca. 4 cm lange Streifen schneiden.

Tip:

Achten Sie darauf, dass die Kabeljau-Filets gleichmässig dick sind (nicht mehr als 2 cm). Die Filets garen dann gleichmässiger.
Die Filets sollten nicht ganz durch sein, da sie sonst sehr leicht zerfallen und trocken sind.

Anrichten:

Die Gemüsestreifen auf die Teller verteilen.

Die Kabeljau-Filets mit einem breiten Spachtel herausnehmen und darauflegen.

Die Vinaigrette gut verrühren und gleichmässig darüber verteilen.

FRISCHLACHS MIT STEINPILZEN UND ZUCCHETTI

4 Portionen

Zutaten:	
560 g/ 8 St	Frischlachs-Schnitzel, ohne Haut
200 g	frische Steinpilze
200 g	Zucchetti
150 g	Tomatenwürfel (Seite 24)
4 EL	Butter (1)
2 EL	Butter (2)
2 EL	Zwiebeln, fein gehackt
1 St	Knoblauchzehe, fein gehackt
1 EL	Schnittlauch, geschnitten
	Salz
	weisser Pfeffer aus der Mühle

Tip:

Anstelle von frischen Steinpilzen können auch gefrorene verwendet werden, doch sollen diese nur angetaut, geschnitten und sofort verarbeitet werden.

Vorbereitung:

Die Steinpilze putzen und in grobe Scheiben schneiden (siehe Seite 132).

Die Zucchetti waschen und in 4 cm lange, feine Stäbchen schneiden (mit der Schale).

Zubereitung:

Butter (1) in einer mittleren Teflonpfanne erhitzen.

Zwiebeln und Knoblauch dazugeben und etwas dünsten.

Steinpilze und Zucchetti dazugeben und unter vorsichtigem Rühren dünsten.

Die Tomatenwürfel und den Schnittlauch beigeben, abschmecken und warm stellen.

Butter (2) in einer grossen Teflonpfanne zerlaufen lassen, die Lachsschnitzel mit Salz und Pfeffer würzen und in der Butter, mit der hellen Seite zuerst, auf beiden Seiten kurz braten.

Anrichten:

Das Gemüse garnieren.

Die Lachsschnitzel mit der hellen Seite nach oben anrichten.

Zucchetti in 4 cm lange Stücke schneiden, diese der Länge nach in 5 mm dicke Scheiben schneiden.

Scheiben in 5 mm dicke Stäbchen schneiden.

FILET DE CABILLAUD
SUR POUSSE DE SOJA
Kabeljau-Filet mit Sojabohnensprossen

4 Portionen

Zutaten:	
100 g	Lauch, geputzt
600 g	Kabeljau-Filets (Dorsch)
100 g	Sojabohnen-sprossen
½ dl	Erdnussöl
½ dl	Weisswein
2 EL	Butter (1)
½ dl	Teriyaki-Sauce (Fertigprodukt)
2 EL	Butter (2)
	Salz
	weisser Pfeffer aus der Mühle

Tip:

Wenn Ihnen die Sauce etwas zu dünn ist, so können Sie ein paar Tropfen Wasser mit einer Messerspitze Kartoffelstärke vermischen und die Sauce damit binden.
Teriyaki-Sauce siehe bei Rezept Poulardenbrust Teriyaki (Tip), Seite 158.

Vorbereitung:

Den Lauch in 4 cm lange feine Streifen schneiden, waschen und gut abtropfen lassen (siehe Seite 38).

Die Sojasprossen waschen und gut abtropfen lassen.

Den Kabeljau in 4 Stücke schneiden.

Zubereitung:

Das Erdnussöl in einer mittelgrossen Pfanne erhitzen.

Lauch und die Sojasprossen beigeben und kurz braten.

Die Teriyaki-Sauce zugeben und etwas einkochen lassen.

Vom Feuer nehmen, mit Pfeffer würzen, die kalte Butter (1) in kleinen Stücken daruntermischen und nicht mehr kochen lassen.

Butter (2) in einer Kasserolle zerlaufen lassen.

Kabeljau-Filets drauflegen, mit Weisswein über-giessen.

Mit Salz und Pfeffer würzen, zudecken und bei mässiger Hitze garen.

Anrichten:

Das Gemüse gleichmässig auf Teller verteilen und die Kabeljau-Filets darauf anrichten.

FRISCHLACHS IN FEINEN TRANCHEN MIT DILL

4 Portionen

Zutaten:	
4 KL	*Olivenöl, kaltgepresst (1)*
	Salz
	schwarzer Pfeffer aus der Mühle
1 EL	*Dill, abgezupft, gehackt (1)*
400 g/1 St	*Frischlachs-Filet, ohne Haut, ohne Blutbahn*
4 KL	*Olivenöl, kaltgepresst (2)*
4 EL	*Dill, abgezupft, gehackt (2)*
½ St	*Zitrone*

Tip:

Die Blutbahn ist der braune Teil auf der Hautseite.

Vorbereitung:

Den Backofen auf maximale Oberhitze vorheizen.

Zubereitung:

Kaltgepresstes Olivenöl (1) mit einem Pinsel auf den gut vorgewärmten Tellern verteilen.

Den Dill (1) sowie etwas Salz und Pfeffer über das Öl streuen.

Das Frischlachs-Filet in feine Scheibchen schneiden und auf die vorbereiteten Teller legen.

Das Olivenöl (2) über die Lachsscheibchen träufeln.

Den Dill (2) darüberstreuen und nochmals ein wenig würzen.

Den Saft einer halben Zitrone über den Fisch träufeln.

Die Teller auf der obersten Rille für eine Minute in den heissen Ofen stellen und sofort servieren.

Als Beilage eignet sich sehr gut getoastetes Pariserbrot.

Frischlachs ohne Haut und graue Blutbahn vorne schräg anschneiden und feine Tranchen schneiden.

Lachstranchen sternförmig auf die vorbereiteten Teller anrichten.

BAUDROIE
MIT CURRY UND TOMATEN
Seeteufel

4 Portionen

Zutaten:	
100 g	Tomatenwürfel (Seite 24)
½ dl	Erdnussöl
600 g	Seeteufel-Filet, pariert, ohne Haut
	Salz
	weisser Pfeffer aus der Mühle
	Mehl
2 dl	Curry-Rahmsauce (Grundrezept Seite 209)
1 dl	Sauce tomates concassées (Grundrezept Seite 211)
½ dl	Rahm
1 EL	Schnittlauch, geschnitten

Tip:

Als Beilage eignet sich vorzüglich eine Wildreismischung.

Vorbereitung:

Curry-Rahmsauce bereitstellen.

Sauce tomates concassées bereitstellen.

Seeteufel-Filet in Médaillons à 75 g schneiden.

Zubereitung:

Curry-Rahmsauce, Sauce tomates concassées und Vollrahm in einer kleinen Stielkasserolle aufkochen und warm stellen.

Erdnussöl in einer mittleren Teflonpfanne erhitzen.

Seeteufel-Médaillons mit Salz und Pfeffer würzen, in Mehl wenden und in dem heissen Öl beidseitig je ca. 2 Minuten braten.

Die Médaillons herausnehmen und warm stellen.

Die Tomatenwürfel in einer kleinen Teflonpfanne leicht erwärmen.

Anrichten:

Die Sauce gleichmässig als Spiegel auf die Teller anrichten.

Die gebratenen Seeteufel-Médaillons daraufsetzen.

Die Tomatenwürfel und den Schnittlauch gefällig darüber verteilen.

GOUJONS DE SOLE À LA SAUGE
Seezungenstreifen mit Salbei

4 Portionen

Zutaten:	
600 g	Seezungen-Filets
	Salz
	weisser Pfeffer aus der Mühle
12 St	frische Salbeiblätter
400 g	Tomatenwürfel (Seite 24)
50 g	Zwiebeln, gehackt
2 St/10 g	Knoblauchzehen, geschält, gehackt
80 g	Butter (1)
3 EL	Erdnussöl
	Mehl
20 g	Butter (2)

Tip:

Die gebratenen Seezungen-streifen werden beim Anrichten am besten mit einer Lochkelle verteilt.

Vorbereitung:

Die Seezungen-Filets in fingerdicke, schräge Streifen schneiden.

8 Salbeiblätter in feine Streifen schneiden. (Die anderen 4 Salbeiblätter aufbewahren).

Zubereitung:

Die Butter (1) in einer kleinen Stielkasserolle erhitzen. Die Zwiebeln und den Knoblauch bei-geben und gut anziehen.

Die Tomatenwürfel und die Salbeistreifen bei-geben, wärmen, gut mischen, mit Salz und Pfeffer würzen.

Die Tomatenwürfel warm stellen.

Die Seezungenstreifen würzen, leicht mehlen und in drei Teile teilen.

Die Solestreifen mit je einem Esslöffel Erdnussöl in einer sehr heissen Teflonpfanne in drei Etappen braten. Das Öl abschütten, Butter (2) dazugeben und ein wenig braun werden lassen.

Anrichten:

Die Tomatenwürfelmischung auf die Teller ver-teilen und den gebratenen Fisch gleichmässig darauf anrichten.

Mit je einem frischen Salbeiblatt garnieren.

Seezungenfilet flach aus-breiten, schräg in fingerdicke Streifen schneiden.

FILETS DE SAUMON AUX CHANTERELLES ET AUX ARTICHAUTS

Frischlachs-Filet mit Eierschwämmchen und Artischocken

4 Portionen

Zutaten:	
3 EL	Butter (1)
2 EL	Schalotten, geschält, gehackt
1 KL	Knoblauchzehen, geschält, gehackt
160 g	frische Eier-schwämme, geputzt
4 St	frische Arti-schockenböden, gekocht (siehe Seite 72)
2 dl	Rahm
1 EL	Petersilie, gehackt
3 EL	Butter (2)
560 g/ 4 St	Frischlachs-Schnitzel
	Salz
	weisser Pfeffer aus der Mühle

Vorbereitung:

Die Artischockenböden in 3 mm dicke Scheiben schneiden.

Grössere Eierschwämme (Pfifferlinge) halbieren oder vierteln.

Zubereitung:

In einer mittleren Teflonpfanne Butter (1) erwärmen, die Schalotten und Knoblauchzehen beifügen und zusammen gut anziehen.

Die Eierschwämme dazugeben und mitanziehen.

Die Artischockenböden, den Vollrahm und die gehackte Petersilie beigeben, mit Salz und Pfeffer würzen und das Ganze ca. 2 Minuten leicht ein-kochen lassen.

Die Sauce warm stellen.

Die Frischlachs-Schnitzel mit Salz und Pfeffer würzen.

In einer grossen Teflonpfanne die Butter (2) erhitzen, die Frischlachs-Schnitzel, mit der hellen Seite zuerst, beidseitig braten.

Anrichten:

Die Pilzsauce als Spiegel auf die Teller anrichten und den Lachs gefällig darauflegen.

Es muss nicht immer Spinat sein!

Wer hat ihn nicht als Kind erlebt, jenen Widerwillen gegen Spinat…

Längst bevor Gemüse so beliebt wie heute wurde, haben wir im Mövenpick bereits weniger bekannte Gemüsesorten angeboten. Dass die Zwiebel auch ein Gemüse ist und sogar ein köstliches Hauptgericht abzugeben vermag, erfahren Sie spätestens beim Nachkochen unseres Rezeptes auf Seite 120. Auch für die „Spargel der Armen", die Schwarzwurzel, haben wir keine Mühe gescheut, eine Rezeptkreation vorzustellen.

Gemüse sind reich an lebenswichtigen Vitaminen, Mineralsalzen und Spurenelementen. Viele Gemüsesorten bestehen zu mehr als neunzig Prozent aus Wasser, entsprechend gering sind die Kalorienwerte. Die im Gemüse reichlich enthaltenen Ballaststoffe unterstützen eine gute Verdauung, weshalb Gemüse täglich auf den Tisch gehört. Nichts einfacher als das, doch auch hier gilt: Abwechslung ist der beste Koch! Lassen Sie sich von unseren eigenwilligen Mövenpick-Rezepten inspirieren, damit Ihre Speisekarte zu Hause ebenso abwechslungsreich wird wie jene im Mövenpick!

CONCOMBRES FARCIS
Gefüllte Gurken

4 Portionen

Zutaten:	
2 St	Salatgurken
3 EL	Erdnussöl
200 g	Pouletfleisch, geschnetzelt
1,5 dl	Rahm (1)
	Salz
	weisser Pfeffer aus der Mühle
120 g	Schinken, gekocht
1 EL	helles Paniermehl
2 EL	frische Petersilie, gehackt
100 g	Zwiebeln, geschält, gehackt
100 g	Lauch, geputzt, gewaschen
4 EL	Butter
20 g	Mehl
4 dl	Bouillon, kalt
3 EL	Weisswein
2 dl	Rahm (2)

Tip:

Die Gurken können durch Zucchetti ersetzt werden. Zum Füllen der Gurken können Sie auch einen Dressiersack mit grosser Lochtülle verwenden.

Vorbereitung:

Die Salatgurken schälen, die beiden Enden abschneiden und der Länge nach halbieren.

Mit einem Löffel die Kerne herausnehmen, in 10 cm lange Stücke schneiden und im Salzwasser einmal aufkochen.

Das Pouletgeschnetzelte mit einem grossen Messer hacken.

Schinken und Lauch in feine Würfel schneiden.

Bouillon bereitstellen und erkalten lassen.

Den Ofen auf 180 °C vorheizen.

Zubereitung:

In einer mittelgrossen Teflonpfanne das Erdnussöl erhitzen.

Das gehackte Pouletfleisch im heissen Öl braten, Schinken, Paniermehl, Petersilie und Rahm (1) dazugeben, gut mischen, mit Salz und Pfeffer abschmecken.

Die Masse gleichmässig in die Gurkenstücke füllen und nebeneinander in eine flache Gratin-schale legen.

Die Butter in einer kleinen Teflonpfanne erhitzen, Zwiebeln und Lauch dazugeben und gut dünsten.

Mit dem Mehl stäuben, die kalte Bouillon, den Rahm (2) und den Weisswein dazugeben, gut ver-rühren, aufkochen lassen und abschmecken.

Die Sauce über die Gurkenstücke giessen und zugedeckt ca. 20 Minuten im Ofen garen.

Anrichten:

In der Gratinplatte oder auf Teller servieren.

Füllung mit dem Löffel auf die Gurkenschiffchen streichen.

GEBACKENE SCHWARZWURZELN

4 Portionen

Zutaten:

500 g	*gekochte Schwarzwurzel-Stangen*
3 dl	*Weisswein-Backteig (Grundrezept Seite 214)*
	Salz
	weisser Pfeffer aus der Mühle
2,5 dl	*Sauce Aioli (Grundrezept Seite 208)*
4 St	*mittlere Iceberg-Salatblätter*
4 St	*Nüssli-Salat*

Tip:

Die Schwarzwurzeln sind als Dosenprodukt oder tiefgefroren erhältlich.
Bei der Verwendung von tiefgekühlten Schwarzwurzeln müssen diese zuerst aufgetaut werden.
Selbstverständlich können Sie auch frische Schwarzwurzeln verwenden.

Vorbereitung:

Weisswein-Backteig bereitstellen.

Die Sauce Aioli bereitstellen.

Friture auf 180°C vorheizen (Erdnussöl).

Die gekochten Schwarzwurzeln mit saugfähigem Küchenpapier gut abtrocknen.

Zubereitung:

Die Schwarzwurzeln mit Salz und Pfeffer würzen, durch den Backteig ziehen und in der heissen Friture in ca. 2 Minuten goldgelb backen.

Die gebackenen Schwarzwurzeln aus der Friture nehmen, auf Küchenpapier gut abtropfen lassen.

Anrichten:

Die Iceberg-Salatblätter auf Teller anrichten und mit der Sauce Aioli füllen.

Die gebackenen Schwarzwurzeln daneben plazieren und mit je einem Nüssli-Salat gefällig garnieren.

GEBACKENE CHAMPIGNONS

Zutaten:	
800 g	Champignons 1. Qualität, frisch und mittelgross
1 EL	Zitronensaft, frisch gepresst
3 EL	Mehl
2 St	Eier
150 g	helles Paniermehl
50 g	Parmesan, gerieben
300 g	Mayonnaise
1 EL	Tafelessig, weiss (Weissweinessig)
3 EL	Petersilie
1 EL	Estragon, eingelegt, abgezupft, abgetropft
2 St	Sardellenfilets
25 g	Zwiebeln, gehackt
1 St	Knoblauchzehe, geschält, gehackt
2 EL	Schnittlauch, fein geschnitten
	Salz
	weisser Pfeffer aus der Mühle

Tip:

Das Mehlen sowie das Panieren kann jeweils in einem Plastikbeutel erfolgen. Diese Zubereitungsart passt sehr gut für den Apéro, mit Holzsticks zum Dippen in der Sauce.
Gebackene Champignons eignen sich sehr gut als Zwischenmahlzeit mit einem Salat oder als Beilage zu nature Fleischgerichten.

Vorbereitung:

Die Sardellenfilets und den Estragon fein hacken.

Mayonnaise und Tafelessig in eine Schüssel geben und verrühren.

Petersilie, Estragon, Sardellenfilets, Zwiebeln, Knoblauch und Schnittlauch der Mayonnaise beigeben, mit dem Schneebesen gut verrühren.

Mit Salz und Pfeffer abschmecken.

Das Paniermehl und den Parmesankäse in einer Schüssel vermischen.

Die Champignons putzen.

Die Friture auf 180°C vorheizen (Erdnussöl).

Die Eier aufschlagen und verquirlen.

Zubereitung:

Die Champignonsköpfe mit Zitronensaft, Salz und Pfeffer würzen.

Die Champignons mit Mehl bestäuben.

Die gemehlten Champignons durch die Eimasse ziehen und in der Paniermehl-Parmesan-Mischung panieren.

Die panierten Champignons im heissen Öl in Etappen schwimmend goldgelb und knusprig backen.

Anrichten:

Die gebackenen Champignons auf Teller anrichten.

Nach Belieben mit Salat garnieren. Die Sauce à part servieren oder auf einem Salatblatt auf den Teller geben.

Auberginen-Roggen-Gratin

4 Portionen

Zutaten:

100 g	Roggenkörner
6 dl	Wasser
70 g	Zwiebeln, geschält, gehackt
10 g	Knoblauch, geschält, gehackt
650 g	Auberginen, geputzt
200 g	Greyerzer Käse
2 EL	Olivenöl (1)
500 g	Pelati (Ds.), abgetropft
1 St	Lorbeerblatt
1 EL	Oregano, getrocknet
1 EL	frische Rosmarin-nadeln, gehackt
½ dl	Olivenöl (2)
	Salz
	weisser Pfeffer aus der Mühle
2 EL	Petersilie, gehackt

Tip:

Anstelle der Pelati können frische Tomatenwürfel, geschält und entkernt, verwendet werden.

Vorbereitung:

Die Roggenkörner waschen, abschütten und mit dem Wasser über Nacht einweichen.

Die Roggenkörner ca. 30 Minuten mit etwas Salz kochen, durch ein Sieb schütten und sehr gut trocknen lassen.

Die Auberginen in ca. 2 x 2 cm grosse Würfel schneiden.

Den Greyerzer Käse in ca. 1 x 1 cm grosse Würfel schneiden.

Die Pelati in grobe Stücke schneiden.

Den Ofen auf 180°C vorheizen.

Zubereitung:

Das Olivenöl (1) in einer mittleren Teflonpfanne erhitzen.

Die Zwiebeln und den Knoblauch beigeben und gut dünsten.

Die Pelatiwürfel dazugeben sowie das Lorbeer-blatt, den Oregano und den Rosmarin.

Das Ganze bei schwachem Feuer ca. 5 Minuten köcheln lassen.

Das Lorbeerblatt herausnehmen.

Olivenöl (2) in einer grossen Teflonpfanne stark erhitzen und die Auberginenwürfel in 3 Etappen gut anbraten.

Mit Salz und Pfeffer würzen.

Die vorbereiteten Tomaten, die Petersilie sowie die Roggenkörner zu den Auberginen geben.

Alles gut vermischen, in eine grössere, rechteckige Gratinform einfüllen und glattstreichen.

Die Greyerzer Käsewürfel gleichmässig darüber-streuen.

Den Gratin auf der obersten Rille 10 Minuten überbacken.

GEFÜLLTE ZWIEBELN

**4 Portionen
(8 halbe Zwiebeln)**

Zutaten:	
80 g	Schweinsbratwurst-brät, grob
120 g	Pouletfleisch, geschnetzelt
4 St	grosse Zwiebeln mit Schale
2 l	Bouillon (1)
3 EL	Butter
1 St	Ei
2 EL	Parmesan, gerieben (1)
1 KL	Grappa
	Salz
	weisser Pfeffer aus der Mühle
1 EL	Parmesan, gerieben (2)
1,5 dl	Bouillon (2)
4 dl	Sauce tomates concassées (Grundrezept Seite 211)
4 EL	Rahm
1 EL	Petersilie, gehackt

Tip:

*Hierzu passen ausgezeichnet
Schupfnudeln (siehe Grundrezept Seite 217).
Zum Füllen der Zwiebeln
eignet sich sehr gut ein
Glaceschöpfer.
Anstelle von Grappa (italieni-
scher Tresterbranntwein)
kann ersatzweise auch Marc
(französischer Tresterbranntwein) genommen werden.*

Vorbereitung:

Die Zwiebeln schälen. Die Wurzel und die Spitze
ein wenig abschneiden.

Die Bouillon (1) in einer ca. 3-Liter-Kasserolle zum
Kochen bringen, Zwiebeln beigeben und zugedeckt
20 Minuten kochen lassen (Nadelprobe: Die
Zwiebeln sollen noch knackig sein).

Die Zwiebeln herausnehmen und abkühlen lassen.

Die Zwiebeln mit der Wurzel nach unten horizontal halbieren.

Dreiviertel der Zwiebeln aushöhlen und fein
hacken.

Die ausgehöhlten Zwiebeln aufbewahren.

Sauce tomates concassées bereitstellen.

Den Backofen auf 220°C vorheizen.

Zubereitung:

Das geschnetzelte Pouletfleisch mit einem grossen
Messer hacken.

Die gehackten Zwiebeln mit der Butter dünsten, bis
alle Flüssigkeit verdampft ist.

Zwiebelmasse abkühlen lassen.

Das Schweinsbratwurstbrät, das Pouletfleisch, das
Ei, die Zwiebelmasse, den Parmesan (1) und den
Grappa in eine Schüssel geben. Mit Salz und
Pfeffer abschmecken und gut mischen.

Die Masse nun gleichmässig in die ausgehöhlten
Zwiebeln füllen und mit dem Parmesan (2)
bestreuen.

Die Zwiebeln in eine rechteckige, hohe Gratinform
einsetzen, die Bouillon (2) dazugiessen und im
Ofen ca. 30 Minuten braisieren.

Die Sauce tomates concassées und den Rahm
zusammen erhitzen.

Anrichten:

Die Tomatensauce auf die Teller verteilen, je zwei
halbe Zwiebeln daraufsetzen und mit gehackter
Petersilie bestreuen.

*Die gekochte Zwiebel mit der
Wurzel nach unten horizontal
halbieren. Die Hälften bis auf
einen ca. 1 cm breiten Rand
aushöhlen.*

Baguettes
DE COURGETTES FRITES
Gebackene Zucchetti-Stäbchen

4 Portionen

Zutaten:	
600 g	Zucchetti, geputzt, gewaschen
1 EL	Knoblauchzehe, geschält, gehackt
	Salz
	weisser Pfeffer aus der Mühle
4 EL	Soja-Sauce
100 g	Mehl
2 St	Eier
200 g	Paniermehl
100 g	Mandeln, gehobelt, grob gehackt
4 dl	Sauce tomates concassées (Grundrezept Seite 211)

Tip:

Die so hergestellten Baguettes von Zucchetti können zum Aperitif von Hand gegessen werden.
Die Zucchetti können auch im Beutel paniert werden. (Siehe Anleitung Seite 116).

Vorbereitung:

Die Zucchetti der Länge nach in 4 cm lange, fingerdicke Stäbchen schneiden.

Die Sauce tomates concassées bereitstellen.

Die Eier aufschlagen.

Die Friture auf 180 °C vorheizen (Erdnussöl).

Die Mandeln und das Paniermehl mischen.

Zubereitung:

Die Zucchetti-Stäbchen mit Salz und Pfeffer würzen. Mit der Soja-Sauce und dem Knoblauch ca. 10 Minuten marinieren (öfters wenden).

Die Zucchetti-Stäbchen mehlen, durch das aufgeschlagene Ei ziehen und in der Paniermehl-Mandel-Mischung wenden.

In der Friture während 3 Minuten in mehreren Etappen goldgelb ausbacken.

Die gebackenen Zucchetti-Stäbchen auf saugfähigem Küchenpapier abtropfen lassen.

Die Sauce tomates concassées erwärmen.

Anrichten:

Die Sauce tomates concassées gleichmässig auf die Teller verteilen und die Zucchetti im Zentrum als Häufchen darauf anrichten.

FEUILLETÉ MIT CHINESISCHEN PILZEN

4 Portionen

Zutaten:	
4 St	Blätterteig, ausgerollt 8 × 12 cm, ca. 4 mm dick
1 St	Eigelb
2 EL	Butter (1)
2 EL	Schalotten, geschält, gehackt
240 g	frische Shitake-Pilze (chinesische Pilze)
10 g	Judasohren, getrocknet (Mu-Err-Pilze)
	Salz
1 Prise	Cayennepfeffer
3 dl	Weisswein
3 EL	Butter (2), kalt
2 dl	Doppelrahm
2 EL	Schnittlauch, geschnitten
20 g	Baumnüsse, grob gehackt
4 St	frische Rosmarinzweige

Tip:

Die frischen Shitake-Pilze können auch durch getrocknete ersetzt werden, die Menge reduziert sich dann auf ⅓. Diese getrockneten Pilze ebenfalls vorher einweichen.
Die Shitake-Pilze können auch durch frische Austernsaitlinge ersetzt werden.

Vorbereitung:

Die Judasohren in ca. ½ l warmem Wasser eine Stunde lang einweichen, nach dem Einweichen gut abtropfen lassen.

Die Stiele von den Shitake-Pilzen entfernen, grössere Pilze halbieren oder dritteln. Die Pilze waschen und in grobe Streifen schneiden.

Den Ofen auf 180°C vorheizen; die Blätterteigstücke mit Eigelb bepinseln und ca. 20 Minuten backen. Warm stellen.

Zubereitung:

Die Butter (1) in einer mittleren Stielkasserolle erhitzen, Schalotten beigeben und dünsten.

Shitake-Pilze sowie die Judasohren beigeben, kurz zusammen sautieren.

Mit Salz und Cayennepfeffer würzen.

Mit Weisswein ablöschen, aufkochen lassen, mit der Lochkelle herausnehmen und warm stellen.

Den Fond zur Hälfte einreduzieren lassen.

Die kalte Butter (2) mit einem Schneebesen unter die Sauce rühren.

Den Doppelrahm, den Schnittlauch und die Pilze beigeben, das Ganze nochmals kurz erhitzen, nicht kochen lassen.

Die Sauce abschmecken.

Anrichten:

Die Blätterteigkissen horizontal aufschneiden.

Den Boden auf den Tellern anrichten und die Pilzfüllung gefällig darauf verteilen, den Deckel seitwärts anlegen.

Die gehackten Baumnüsse darüberstreuen und mit einem Rosmarinzweig garnieren.

CASSOLETTE
VON PFIFFERLINGEN
AN KÜMMELRAHM

4 Portionen

Zutaten:	
2 EL	*Butter (1)*
2 EL	*Schalotten, geschält, fein gehackt*
400 g	*frische Eierschwämme, geputzt*
1,5 dl	*Weisswein*
½ KL	*Kümmel*
3 EL	*Butter (2), kalt*
1 dl	*Rahm*
	Salz
	weisser Pfeffer aus der Mühle
1 Prise	*Cayennepfeffer*
2 EL	*Schnittlauch, geschnitten*

Vorbereitung:

Eierschwämmchen (Pfifferlinge) kurz abspülen und abtropfen lassen.

Grössere halbieren bzw. dritteln.

Den Rahm schlagen und kühl stellen.

Zubereitung:

Butter (1) in einer mittelgrossen Stielkasserolle erhitzen, die Schalotten beifügen und andünsten.

Die Eierschwämmchen beimengen und kurz zusammen anziehen.

Mit dem Weisswein ablöschen, die Pilze kurz auf-kochen lassen, mit einer Lochkelle aus dem Fond nehmen und warm stellen.

Den Kümmel beigeben und den Fond auf die Hälfte einreduzieren lassen.

Die Kasserolle vom Feuer nehmen und die kalte Butter (2) nach und nach mit dem Schneebesen in die Sauce einrühren, den Schnittlauch beigeben.

Die Pilze beifügen, kurz erhitzen (ohne kochen zu lassen), den geschlagenen Rahm beifügen und vor-sichtig mischen.

Mit Salz und weissem Pfeffer sowie der Prise Cayennepfeffer abschmecken.

Anrichten:

Dieses Gericht auf warme kleine Suppenteller anrichten und sofort servieren.

Pasta, bella Pasta!

Für viele Nicht-Italiener ist die italienische Küche gleichbedeutend mit Pasta, obwohl auch sie die Teigwaren China zu verdanken hat. Der venezianische Reisende Marco Polo brachte sie Ende des 13. Jahrhunderts von seiner Reise durch Asien nach Venedig mit. Teigwaren sind in Italien keineswegs überall gleich – der Norden ist das Land der platten Bologneser Nudeln, der Süden die Heimat der neapolitanischen Makkaroni. Während man erstere meist frisch im Haus mit Eiern zubereitet, werden sie im Süden fabrikmässig in Röhren und oft ohne Eier hergestellt und in getrockneter Form angeboten.

Bei Mövenpick haben wir uns vor allem auf frisch zubereitete Nudeln spezialisiert. Die Teigzubereitung ist nicht kompliziert – lesen Sie die Grundrezepte auf Seite 215. Doch was wären Nudeln ohne Saucen! Wir kreieren immer wieder neue Überraschungen. Lassen Sie sich von so raffinierten Verbindungen wie Frischlachs mit Gurken und Dill auf Nudeln verführen… Den eigentlichen Teigwarenerfindern haben wir das Rezept „Fried noodles with chicken" – gebratene Nudeln mit Huhn – und den Freunden unserer Schweizer Heimat die „Aelpler Magrone" gewidmet.

TAGLIATELLE DON MIGUEL

4 Portionen

Zutaten:	
150 g	*Tomatenwürfel (Seite 24)*
400 g	*Pouletbrust, ohne Knochen, ohne Haut*
150 g	*Champignons, geputzt*
60 g	*Café-de-Paris-Butter (Grundrezept Seite 204)*
40 g	*Parmesan, gerieben*
800 g	*frische Nudeln, (Grundrezept Seite 215)*
3 EL	*Butter (1)*
½ dl	*Erdnussöl*
2 EL	*Butter (2)*
½ dl	*Sherry trocken*
1 dl	*braune Braten- sauce, gebunden*
1,5 dl	*Rahm*
	Salz
	weisser Pfeffer aus der Mühle

Tip:

Anstelle von frischen, selbst hergestellten Nudeln können auch getrocknete verwendet werden. Das Gewicht pro Person beträgt ca. 80 g. Die Pouletbrustwürfel nur kurz braten, damit sie schön saftig bleiben.

Vorbereitung:

Die Pouletbrust in ca. 20 g schwere Würfel schneiden.

Die Champignons vierteln.

Die Café-de-Paris-Butter bereitstellen.

Frische Nudeln herstellen.

Braune Bratensauce, gebunden, bereitstellen.

Zubereitung:

In einem ca. 5-Liter-Topf Wasser und Salz zum Kochen bringen, die Nudeln (Tagliatelle) beifügen und unter mehrmaligem Rühren al dente kochen (ca. 3 Minuten).

Teigwaren abschütten, mit Butter (1) vermischen und warm stellen.

Die Pouletbrustwürfel mit Salz und Pfeffer würzen.

Eine grosse Teflonpfanne mit dem Erdnussöl erhitzen, die Pouletbrustwürfel beigeben und all-seitig anbraten.

Die Fleischwürfel herausnehmen und warm stellen.

In einer Teflonpfanne die Butter (2) erhitzen, die Champignons beigeben, kurz dünsten, mit dem Sherry ablöschen.

Die braune Bratensauce und den Rahm dazu-geben, aufkochen lassen.

Die Pfanne vom Feuer nehmen und die Café-de-Paris-Butter vorsichtig daruntermischen.

Die Tomatenwürfel und die Pouletwürfel beigeben, kurz mischen und abschmecken.

Die Tagliatelle gefällig anrichten, das Fleisch mit der Sauce gleichmässig auf die Tagliatelle geben und mit dem geriebenen Parmesan bestreuen.

TAGLIATELLE
CON FUNGHI PORCINI

4 Portionen

Zutaten:

800 g	*frische Nudeln, (Grundrezept Seite 215)*
3 EL	*Butter (1)*
3 EL	*Butter (2)*
4 EL	*Zwiebeln, geschält, gehackt*
1 KL	*Knoblauchzehen, geschält, gehackt*
400 g	*frische Steinpilze, geputzt*
	Salz
	weisser Pfeffer aus der Mühle
1 dl	*Weisswein*
60 g	*Provençale-Butter (Grundrezept Seite 205)*
1 EL	*Petersilie, gehackt*

Tip:

Wenn frische Steinpilze nicht erhältlich sind, können auch tiefgefrorene verwendet werden.
Diese sind jedoch beim Verarbeiten nur anzutauen und in diesem Zustand zu schneiden und sofort weiterzuverarbeiten.
Anstelle von frischen, selbst hergestellten Nudeln können auch getrocknete verwendet werden. Die Menge pro Person beträgt ca. 80 g.

Vorbereitung:

Frische Nudeln herstellen.

Die Steinpilze in dicke Scheiben schneiden.

Die Provençale-Butter bereitstellen. (Sie muss cremig sein).

Eine grosse Kasserolle, ca. 5 Liter, mit Wasser und Salz zugedeckt zum Kochen bringen.

Zubereitung:

Die Butter (1) in einer mittleren Teflonpfanne erhitzen.

Die Zwiebeln und den Knoblauch beigeben und in der heissen Butter anziehen.

Die Steinpilze dazugeben und mitanziehen.

Mit Salz und Pfeffer würzen, mit Weisswein ablöschen, Petersilie dazugeben.

Vom Feuer nehmen.

Die cremige Provençale-Butter mit einem Holzlöffel vorsichtig unter die Pilze mischen (nicht mehr kochen).

Warm stellen.

Die Teigwaren 3 Minuten in kochendem Salzwasser al dente kochen, abschütten, gut abtropfen lassen, mit der Butter (2) vermischen und auf die Teller anrichten.

Die Steinpilzsauce gleichmässig über die Nudeln geben.

Steinpilze mit dem Küchenmesser putzen, nicht waschen.

Stiele abschneiden und schräg in ca. 5 mm dicke Scheiben schneiden. Die Köpfe ebenfalls in ca. 5 mm dicke Scheiben schneiden.

TAGLIATELLE
ALLA PANNA E SALVIA

4 Portionen

Zutaten:	
800 g	frische Nudeln (Grundrezept Seite 215)
3 EL	Butter (1)
1 EL	Butter (2)
16 St	frische Salbeiblätter (1)
4 dl	Rahm
60 g	Parmesan, gerieben
	Salz
	weisser Pfeffer aus der Mühle
4 St	frische Salbeiblätter (2)

Tip:

Anstelle von frischen, hausgemachten Nudeln können auch getrocknete verwendet werden. Das Gewicht pro Person beträgt ca. 80 g.

Vorbereitung:

Die frischen Nudeln bereitstellen.

Die Salbeiblätter (1) in feine Streifen schneiden.

Zubereitung:

In einer 5-Liter-Kasserolle Wasser und Salz zum Kochen bringen.

Die Nudeln in sprudelndem Wasser während 3 Minuten al dente kochen, abschütten, gut abtropfen lassen und mit der Butter (1) gut vermischen.

Warm stellen.

Die Butter (2) in einer grossen Stielkasserolle zerlaufen lassen, die Salbeiblätterstreifen dazugeben und ganz kurz erwärmen.

Den Rahm dazugiessen und das Ganze aufkochen.

Die Nudeln und den Parmesan dazugeben, alles sehr gut mischen.

Mit Salz und Pfeffer abschmecken.

Anrichten:

Die Salbeinudeln gleichmässig auf die Teller anrichten und mit je einem Salbeiblatt (2) garnieren.

TAGLIATELLE MIT MORCHELN UND ZUCCHETTI

4 Portionen

Zutaten:	
800 g	frische Nudeln (Grundrezept Seite 215)
3 EL	Butter (1)
2 EL	Zwiebeln, geschält, gehackt
½ KL	Knoblauchzehe, geschält, gehackt
½ dl	Portwein, rot
30 g	Morcheln, getrocknet
150 g	Zucchetti, geputzt
3 dl	Rahm
2 EL	Butter (2)
2 EL	Butter (3)
	Salz
	weisser Pfeffer aus der Mühle

Tip:

Anstelle von frischen, selbst hergestellten Nudeln können auch getrocknete verwendet werden. Die Menge pro Person beträgt ca. 80 g.

Vorbereitung:

Die Nudeln herstellen.

Die Morcheln eine Stunde in lauwarmem Wasser einweichen (kein Metallgeschirr verwenden), anschliessend mehrmals waschen, bis sie nicht mehr sandig sind, gut ausdrücken und der Länge nach halbieren.

Die Zucchetti gut waschen und in ca. 3 cm lange, dünne Stäbchen schneiden (siehe Seite 98).

In einer 5-Liter-Kasserolle Wasser und Salz zum Kochen bringen.

Die Nudeln in sprudelndem Wasser während 3 Minuten al dente kochen, abschütten, gut abtropfen lassen, mit der Butter (1) vermischen und warm stellen.

Zubereitung:

Die Butter (2) in einer mittleren Teflonpfanne erhitzen und zusammen mit den Zwiebeln und dem Knoblauch dünsten.

Die Morcheln dazugeben, erhitzen, mit Portwein ablöschen und ca. ⅔ der Flüssigkeit einreduzieren lassen.

Den Rahm dazugeben, nochmals zur Hälfte einkochen lassen und warm stellen.

Die Morcheln warm stellen.

In einer mittleren Teflonpfanne die Butter (3) erhitzen, die Zucchetti dazugeben und dünsten, bis sie weich sind (sie sollen noch Biss haben). Die Zucchetti mit den Morcheln mischen, mit Salz und Pfeffer abschmecken.

Anrichten:

Die Nudeln mit der Sauce vorsichtig mischen und gleichmässig auf Teller anrichten.

Die eingeweichten Morcheln gut ausdrücken, den Stielansatz wegschneiden. Die Hüte der Länge nach halbieren oder grössere in vier Teile schneiden. In einer grossen Schüssel gut waschen.

TAGLIATELLE MIT FRISCHLACHS, GURKEN UND DILL

4 Portionen

Zutaten:	
2 EL	frischer Dill, gezupft, gehackt
240 g	Frischlachs-Filet, ohne Haut
200 g	Salatgurke
120 g	Tomatenwürfel (Seite 24)
½ dl	Weisswein
3 EL	Butter (1)
2 EL	Zwiebeln, geschält, gehackt
1 KL	Knoblauchzehe, geschält, gehackt
3 dl	Rahm
600 g	frische Nudeln, (Grundrezept Seite 215)
1 EL	Butter (2)
2 EL	Butter (3)
	Salz
	schwarzer Pfeffer aus der Mühle

Tip:

Der Lachs sollte im Inneren noch rosé sein.
Anstelle von frischen, hausgemachten Nudeln können auch getrocknete verwendet werden. Das Gewicht pro Person beträgt ca. 80 g.

Vorbereitung:

Das Frischlachs-Filet in fingerdicke Streifen schneiden.

Die Gurke waschen, der Länge nach halbieren, entkernen und in ca. 1 cm dicke Stäbchen schneiden.

Die frischen Nudeln herstellen.

Zubereitung:

In einer 5-Liter-Kasserolle Wasser und Salz zum Kochen bringen.

Die Nudeln in sprudelndem Wasser während ca. 3 Minuten al dente kochen, abschütten, gut abtropfen lassen und mit der Butter (1) vermischen.

Warm stellen.

Butter (2) in einer kleinen Stielkasserolle erhitzen.

Zwiebeln und Knoblauch beigeben, kurz dünsten.

Tomatenwürfel, Weisswein und Rahm beigeben und auf ca. 3 dl einreduzieren lassen, Dill beigeben, mit Salz und Pfeffer abschmecken, warm stellen.

Butter (3) in einer grossen Teflonpfanne erhitzen.

Die Gurkenstäbchen beigeben, kurz schwenken.

Die Lachsstreifen zu den Gurkenstäbchen geben und kurz mitsautieren, sehr vorsichtig mischen.

Mit Salz und Pfeffer würzen.

Anrichten:

Die Rahm-Tomatensauce gleichmässig auf warme Teller anrichten.

Die Nudeln daraufgeben und die Lachsmischung darüber verteilen.

Die Gurken der Länge nach halbieren, mit dem Löffel entkernen.

Gurkenhälften in ca. 3 cm lange Stücke schneiden, diese der Länge nach in Stäbchen schneiden.

FRIED NOODLES WITH CHICKEN

5 Portionen

Zutaten:	
480 g	Pouletbrust, ohne Haut und Knochen
120 g	Bohnen, extra fein, geputzt
120 g	Bambussprossen (Ds.), abgetropft
120 g	Lauch, geputzt
120 g	Karotten, geschält
½ dl	Erdnussöl (1)
	Salz, schwarzer Pfeffer
½ dl	Erdnussöl (2)
3 St	Knoblauchzehen, geschält, fein gehackt
2 St	rote, kleine Chilischoten
½ KL	frische Ingwerwurzel, geschält, gehackt
6 EL	frischer Schnittlauch, ca. 1,5 cm lang geschnitten
1 dl	Soja-Sauce, dunkel
2 dl	Hühnerbouillon
250 g	Instant-Eiernudeln, chinesische Art, roh

Tip:

Falls Sie zu Hause einen Wok (chinesischer Kochtopf) besitzen, kann dieses Gericht darin zubereitet werden. Anstelle der frischen Bohnen können auch tiefgefrorene verwendet werden. Die Instant-Eiernudeln sind in jedem guten Lebensmittelgeschäft erhältlich. Sollte dies jedoch nicht der Fall sein, so können Sie auch 2-mm-Frischeier-Nudeln verwenden. Dieses Gericht ist sehr pikant!

Vorbereitung:

Die Pouletbrust in fingerdicke, ca. 4 cm lange Streifen schneiden.

Die Bohnen in kochendes Wasser geben und einmal aufkochen lassen, abkühlen.

Die Bambussprossen in ca. 2 mm dünne Scheiben schneiden.

Den Lauch in 3 mm dicke, schräge Rondellen schneiden.

Die Karotten in dünne Scheiben schneiden und ebenfalls blanchieren (wie die Bohnen).

Die Chilischoten waschen, längs halbieren, die Kerne entfernen und in ganz feine Streifen schneiden.

Zubereitung:

Die Instant-Eiernudeln in einer Kasserolle gemäss Kochanleitung kochen und warm stellen.

Die Hälfte des Erdnussöles (1) in einer grossen Teflonpfanne erhitzen, die Pouletstreifen mit Salz und Pfeffer würzen, in 2 Etappen schnell anbraten und warm stellen.

In einer grossen Stielkasserolle das Erdnussöl (2) erhitzen.

Bohnen, Bambussprossen, Lauch, Karotten sowie Knoblauch, Chilischoten, frischen Ingwer und den Schnittlauch dazugeben und alles unter langsamem Rühren dünsten, so dass die Gemüse noch knackig sind.

Die Soja-Sauce sowie die Hühnerbouillon dazugeben, gut mischen und noch etwas dünsten.

Anrichten:

Die gekochten Nudeln dazugeben, gut vermengen, erhitzen und auf warme Teller verteilen.

AELPLER MAGRONEN

4 Portionen

Zutaten:

200 g	Magronen oder Penne, roh
400 g	Kartoffeln, geschält
6 dl	Rahm
80 g	Sbrinzkäse, gerieben
600 g	Zwiebeln, geschält
120 g	Butter
	Salz
	Muskatnuss, gemahlen
	weisser Pfeffer aus der Mühle

Tip:

Die Hälfte des Rahmes kann auch durch Milch ersetzt werden.
Zu den Original Aelpler Magronen serviert man Apfelmus oder gedünstete Apfelschnitze.

Vorbereitung:

Die Kartoffeln in ca. 1,5 × 1,5 cm grosse Würfel schneiden.

Die Magronen oder Penne mit den Kartoffeln zusammen in einer 5-Liter-Kasserolle in Salzwasser nicht zu weich kochen (al dente).

Abschütten und bereitstellen.

Die Zwiebeln halbieren, die Wurzeln entfernen und in Streifen schneiden.

Zubereitung:

In einer mittleren Stielkasserolle die Butter erwärmen.

Die Zwiebelstreifen dazugeben und diese unter ständigem Rühren goldgelb dünsten, bereitstellen.

Rahm und Zwiebeln zusammen aufkochen lassen.

Die Kartoffel-Mischung dazugeben und langsam zusammen kochen, bis eine leichte Bindung entsteht.

Den geriebenen Sbrinz daruntermischen, mit Pfeffer und Muskat abschmecken. (Salz nur nach Bedarf).

Anrichten:

Die Aelpler Magronen auf vorgewärmte Teller anrichten.

Links Magronen, rechts Penne.

Klein, aber fein:
Fleisch, Innereien, Geflügel

Mit der „Neuen Küche" ist die traditionelle
Fleischküche etwas ins Abseits geraten. Nicht dass
wir bei Mövenpick etwas gegen Fleisch hätten!
Trotzdem haben wir uns hier auf einige wenige
Rezepte beschränkt, weil wir meinen, dass es dafür
schon genug Kochbücher gibt. Was wir Ihnen
schmackhaft machen möchten, sind die kleinen
feinen Stücke, die sich hübsch auf einem Teller
anrichten lassen. Dass ein „Züri Gschnätzlets"
nicht fehlen darf, schulden wir unserer Heimatstadt, wo 1948 alles angefangen hat…
Daneben verraten wir Ihnen ein so legendäres
Rezept wie „Rognons de Veau Antoine Carême",
das bei Mövenpick Tradition geworden ist. Oder
Ueli Pragers Lieblingsrezept „Poulardenbrust au
Vinaigre". Es sind durchwegs einfache, nicht teure
Fleischgerichte, die Sie spielend nachkochen
können und in ihrer Eigenart bestimmt für köstliche
Überraschungen innerhalb Ihres Menüplans sorgen!

ROGNONS DE VEAU AU GENIÈVRE
Kalbsnieren mit Wacholder

4 Portionen

Zutaten:	
500 g	Kalbsnieren, ganz, mit ca. 1 cm Fettschicht
	Salz
	schwarzer Pfeffer aus der Mühle
2 EL	Erdnussöl
2 EL	Gin (1)
1 EL	Butter
1 EL	Zwiebeln, geschält, gehackt
12 St	Wacholderbeeren
2 dl	braune Bratensauce, gebunden
2 dl	Rotwein
2 dl	Rahm
2 KL	Senf, scharf (Typ Dijon)
2 EL	Gin (2)

Tip:

Als Beilage eignen sich 2 mm feine Eiernudeln oder Gemüsereis (Grundrezept Seite 218).

Vorbereitung:

Die gebundene Bratensauce bereitstellen.

Die Wacholderbeeren mit einem grösseren Messer zerdrücken und fein hacken.

Die Kalbsnieren in 1 cm dicke Scheiben schneiden.

Zubereitung:

Das Öl in einer grossen Teflonpfanne erhitzen und die Nierenscheiben in 2 Etappen auf beiden Seiten kurz anbraten.

Das Öl abgiessen.

Den Gin (1) über die Nieren giessen und anzünden (flambieren).

Anschliessend die Nieren aus der Pfanne nehmen und warm stellen.

In die gleiche Pfanne die Butter geben, erhitzen, die gehackten Zwiebeln und die zerdrückten Wacholderbeeren dazugeben, kurz zusammen dünsten.

Die gebundene Bratensauce und den Rotwein dazugiessen und auf die Hälfte einkochen lassen.

Den Rahm und den scharfen Senf dazugeben und alles gut verrühren.

Den Gin (2) beifügen, aufkochen und mit Salz und Pfeffer abschmecken.

Die Nieren in die Sauce legen und nicht mehr kochen.

Anrichten:

Die Nierenscheiben auf vorgewärmte Teller anrichten und mit der Sauce nappieren.

Kalbsniere quer in ca. 1cm dicke Scheiben schneiden.

TOURNEDOS MEDICI

4 Portionen

Zutaten:

80 g	*Champignons, geputzt*
3 EL	*Erdnussöl*
8 St à 80 g	*Rindsfilet, klein (Tournedos)*
	Salz
	schwarzer Pfeffer aus der Mühle
2 EL	*Butter*
½ KL	*Rosmarin-nadeln, gehackt*
2 EL	*Schalotten, geschält, fein gehackt*
1 EL	*Senf, scharf (Typ Dijon)*
2 EL	*Cognac (1)*
5 EL	*Rotwein*
4 EL	*Madère (Madeira-Süsswein)*
1 dl	*Bratensauce, gebunden*
1,5 dl	*Rahm*
½ KL	*Worcestershire Sauce*
1 KL	*Cognac (2)*
1 EL	*Schnittlauch, grob geschnitten*

Tip:

Als Beilage sehr gut geeignet ist Gratin dauphinois (Grundrezept Seite 219).

Vorbereitung:

Die Champignons in Scheiben schneiden.

Bratensauce bereitstellen.

Zubereitung:

In einer grossen Teflonpfanne das Erdnussöl erhitzen.

Die Tournedos mit Salz und Pfeffer würzen und auf beiden Seiten gut anbraten. Das Öl abgiessen.

Die Butter in die Pfanne geben, erhitzen, die gehackten Rosmarinnadeln und die Schalotten dazugeben und kurz mitdünsten.

Die Tournedos auf beiden Seiten mit dem Senf bestreichen und an den Pfannenrand schieben.

Den Cognac (1) dazugeben und anzünden (flambieren).

Anschliessend die Tournedos aus der Pfanne nehmen, warm stellen und zudecken.

Den Rotwein und Madère in die Pfanne giessen und auf die Hälfte einkochen lassen.

Die Champignons, Bratensauce und den Rahm dazugeben und ca. 4 Minuten leicht kochen lassen.

Den Schnittlauch dazugeben.

Mit Worcestershire Sauce, Cognac (2), Salz und Pfeffer abschmecken.

Den Bratensaft der Tournedos in die Sauce geben, kurz umrühren.

Die Tournedos auf warme Teller anrichten und mit der Sauce nappieren.

ZÜRI GSCHNÄTZLETS MIT RÖSTI

4 Portionen

Zutaten:	
4 EL	Zwiebeln, geschält, gehackt
160 g	Champignons, geputzt
560 g	Kalbsschnitzel- fleisch, hand- geschnetzelt (3 mm dick)
	Salz
	weisser Pfeffer aus der Mühle
1 EL	Mehl
2 EL	Erdnussöl
3 EL	Butter
2 dl	Weisswein
4 dl	Rahm
800 g	Rösti gekochte Kartoffeln (nicht zu weich)
80 g	Butter
2 EL	Erdnussöl
1 KL	Salz

Tip:

*Für die Rösti kann das Erd-nussöl durch Schweine-schmalz ersetzt werden.
Für die Rösti – wenn immer möglich – die Kartoffeln schon am Vortag kochen (nicht zu weich) und ungeschält kühl stellen.
Ein Rezept aus dem alten Zürich besagt, dass die Hälfte des Kalbfleischs durch geschnetzelte Kalbsnieren ersetzt werden kann.
Variante Rösti braten: Dieses Rezept Rösti kann für jede Portion extra gebraten werden.*

Vorbereitung:

Die gekochten Kartoffeln schälen und durch die grobe Röstiraffel reiben. Die Champignons in Scheiben schneiden.

Zubereitung Rösti:

In einer grossen Teflonpfanne die Butter und das Erdnussöl erhitzen. Die Kartoffeln mit dem Salz mischen und hineingeben.

Die Rösti locker verteilen, bei nicht zu hoher Temperatur ca. 10 Minuten die eine Seite braten. Die Rösti wenden und die andere Seite ebenfalls ca. 10 Minuten braten. Die Rösti müssen knusprig goldgelb gebacken sein. Die Hitze nun auf ein Minimum reduzieren (Stufe 1) und die Rösti warm halten.

Zubereitung Gschnätzlets:

Das Geschnetzelte mit Salz und Pfeffer aus der Mühle würzen und in zwei Teile teilen.

Eine grosse Teflonpfanne mit der Hälfte des Erd-nussöles sehr gut erhitzen, einen Teil des Fleisches beigeben und kurz anbraten.

Das Fleisch aus der Pfanne nehmen, warm stellen. Mit dem restlichen Fleisch ebenso verfahren.

In derselben Pfanne die Butter erhitzen, die Zwiebeln beigeben und dünsten.

Die Champignons dazugeben, mit dem Mehl stäuben und vermischen. Weisswein beigeben und zur Hälfte einreduzieren.

Den Bratensaft vom Fleisch und den Rahm dazu-geben und alles zur gewünschten Konsistenz ein-kochen. Mit Salz und Pfeffer abschmecken.
Das Fleisch in die Sauce geben (nicht mehr kochen) und mischen.

Anrichten:

Die Rösti in vier Teile teilen und auf die warmen Teller anrichten.
Das Geschnetzelte gleichmässig neben die Rösti anrichten.

Kartoffeln reiben.

Rösti in der Pfanne formen.

Knusprig gebratene Rösti mit dem Teller zudecken.

Teller auf Bratpfanne drücken, das Ganze wenden.

Rösti in die Pfanne zurück-schieben und fertigbraten.

GESCHNETZELTE KALBSLEBER
VÉNITIENNE
venezianisch

4 Portionen

Zutaten:

560 g	*Kalbsleber, von Hand geschnetzelt*
2 EL	*Butter (1)*
1 St	*kleine Zwiebel, geschält*
40 g	*Speck, geräuchert, ohne Knorpel, in Scheiben*
1 KL	*Knoblauch, geschält, gehackt*
6 St	*frische Salbei- blätter*
4 EL	*Butter (2)*
	Salz
	weisser Pfeffer aus der Mühle

Tip:

Zur geschnetzelten Leber passt ausgezeichnet Rösti, Seite 150.

Vorbereitung:

Die Zwiebel vierteln, die Wurzel entfernen und in sehr feine Streifen schneiden.

Den Speck in sehr feine Streifen schneiden.

Die Salbeiblätter in sehr feine Streifen schneiden.

Zubereitung:

In einer grossen Teflonpfanne die Butter (1) erhitzen.

Den Speck dazugeben und auslassen.

Die Zwiebel und den Knoblauch dazugeben und gut dünsten.

Diese Masse aus der Pfanne nehmen und auf die Seite stellen.

Die Pfanne mit der Hälfte der Butter (2) erneut gut erhitzen, die Hälfte der Leber beigeben und kurz braten.

Mit Salz und weissem Pfeffer aus der Mühle würzen.

Die Hälfte der frischen Salbeistreifen sowie die Hälfte der Zwiebel-Speck-Masse dazugeben, alles mischen, aus der Pfanne nehmen und warm stellen.

Mit der zweiten Hälfte der Leber ebenso verfahren.

Sofort servieren.

Schweinsfilet tiède Sauce
Vinaigrette

4 Portionen

Zutaten:

500 g	*Schweinsfilet, ganz, pariert*
2 EL	*Erdnussöl*
3 EL	*Zwiebeln, geschält, gehackt*
3 EL	*Schnittlauch, geschnitten*
3 EL	*Tafelessig, weiss (Weissweinessig)*
5 EL	*Olivenöl, kaltgepresst*
80 g	*Tomatenwürfel (Seite 24)*
	Salz
	weisser Pfeffer aus der Mühle

Tip:

Zu diesem Gericht passt ausgezeichnet der Sommergemüse-Salat (Seite 72) oder ein lauwarmer Kartoffelsalat.

Vorbereitung:

Den Ofen auf 80°C vorheizen.

Zubereitung:

Zwiebeln, Tomaten, Schnittlauch und Essig vermischen.

Mit Salz und Pfeffer abschmecken.

Das Olivenöl dazugeben und nochmals gut mischen.

Das Erdnussöl in einer mittelgrossen Pfanne erhitzen.

Schweinsfilet mit Salz und Pfeffer würzen, in dem Öl rundherum anbraten.

Das Schweinsfilet aus der Pfanne nehmen, in den 80°C warmen Ofen geben, das Schweinsfilet in ca. einer Stunde garen.

Anrichten:

Das Schweinsfilet schräg aufschneiden, anrichten und mit der Vinaigrette nappieren.

POULARDENBRUST À L'ESTRAGON

4 Portionen

Zutaten:	
640 g/4 St	Pouletbrüste, ohne Haut und Knochen
	Salz
	weisser Pfeffer aus der Mühle
1 EL	Estragonblätter, eingelegt in Essig, abgezupft und abgetropft
2 EL	Erdnussöl
2 EL	Cognac
¾ dl	Weisswein
3,5 dl	Rahm
3 EL	Butter
2 EL	Madère (Madeira-Süsswein)

Tip:

Zu diesem Gericht passen ausgezeichnet Gemüsereis (Seite 218) oder hausgemachte Nudeln (Seite 215).

Zubereitung:

Das Erdnussöl in einer grossen Teflonpfanne erhitzen.

Die Pouletbrüste mit Salz und Pfeffer würzen, beidseitig kurz anbraten, so dass sie schön braun sind.

Das Bratöl abschütten.

Die Pouletbrüste mit Cognac übergiessen und aus der Pfanne nehmen.

Weisswein, Estragon und den Rahm in die Pfanne geben und alles auf ca. die Hälfte einkochen lassen.

Die Pouletbrüste in die Sauce legen, ohne zu kochen zugedeckt ca. 15 Minuten ziehen lassen.

Die Pouletbrüste leicht schräg tranchieren und auf warme Teller anrichten.

Die Sauce kurz aufkochen, vom Feuer nehmen, die Butter unterrühren und den Madère beigeben. Sauce abschmecken.

Die Sauce gleichmässig über die Pouletbrüste nappieren.

POULARDENBRUST TERIYAKI

4 Portionen

Zutaten:	
640 g/4 St	*Poulardenbrüste, ohne Haut und Knochen*
2 EL	*Erdnussöl*
100 g	*Lauch, ohne Grünes, geputzt*
100 g	*Sojabohnen-Sprossen*
3 EL	*Butter*
½ dl	*Teriyaki-Sauce (Fertigprodukt)*
½ KL	*Kartoffelstärke*
½ dl	*Bouillon*
	Salz
	weisser Pfeffer aus der Mühle

Tip:

Teriyaki-Sauce ist ein Fertig-produkt und in Lebensmittel-geschäften mit Fernost-angebot erhältlich. Anstelle von Kartoffelstärke kann selbstverständlich auch Maisstärke verwendet werden.

Vorbereitung:

Den Lauch in 4 cm lange Stücke schneiden, halbieren und dann in feine Streifen schneiden (siehe Seite 58).

Den Lauch waschen und gut abtropfen lassen.

Die Sojasprossen waschen und abtropfen lassen.

Die Poulardenbrust in ca. 20 g schwere Würfel schneiden.

Zubereitung:

Das Erdnussöl in einer grossen Teflonpfanne erhitzen.

Die Poulardenbrustwürfel mit Salz und Pfeffer würzen und in dem heissen Öl kurz anbraten. Aus der Pfanne nehmen und warm stellen.

Dieselbe Pfanne mit dem restlichen Öl wieder erhitzen, den Lauch und die Sojasprossen dazu-geben und ca. 2 Minuten gut anziehen.

Die Teriyaki-Sauce mit der Kartoffelstärke ver-mischen und zusammen mit der Bouillon über das Gemüse giessen. Gut aufkochen lassen.

Die Butter in kleinen Flocken unter das Gericht mischen, abschmecken, die Poulardenbrustwürfel beigeben, gut mischen.

Anrichten:

Die Poulardenbrustwürfel und Gemüsemischung gleichmässig auf die warmen Teller verteilen.

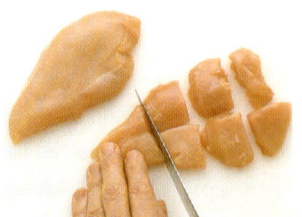

Poulardenbrust ohne Haut und Knochen in Würfel schneiden.

POULARDENBRUST AU VINAIGRE

4 Portionen

Zubereitung:

Zutaten:	
640 g/4 St	Pouletbrüste, ohne Haut und Knochen
	Salz
	weisser Pfeffer aus der Mühle
100 g	Tomatenwürfel (Seite 24)
3 EL	Zwiebeln, geschält, gehackt
2 KL	Knoblauch, geschält, gehackt
2 EL	Erdnussöl
2 EL	Butter (1)
1 EL	Tomatenpüree
2 EL	Sherryessig
2 dl	trockener Sherry
3 EL	Butter (2)
1 Prise	Zucker

Das Erdnussöl in einer Teflonpfanne erhitzen.

Die Pouletbrüste mit Salz und Pfeffer würzen und auf beiden Seiten kurz anbraten, so dass sie schön braun sind.

Die Pouletbrüste aus der Pfanne nehmen.

Das Bratöl abschütten.

Die Butter (1) in die Pfanne geben, den Knoblauch und die Zwiebeln beifügen und kurz dünsten.

Tomatenpüree und Tomatenwürfel beigeben, mit dem Sherryessig ablöschen, gut vermischen und einmal aufkochen lassen.

Den trockenen Sherry dazugeben, die Pouletbrüste in die Sauce geben und zugedeckt ca. 15 Minuten ohne zu kochen ziehen lassen.

Die Pouletbrüste aus der Sauce nehmen und tranchieren.

Die Sauce aufkochen, vom Feuer nehmen, Butter (2) in Flocken einrühren, mit Pfeffer, Salz und Zucker abschmecken und als Spiegel auf die Teller anrichten.

Die tranchierte Pouletbrust gefällig auf die Sauce anrichten.

POULARDENBRUST AUX PRUNES

4 Portionen

Zutaten:	
640 g/4 St	Poulardenbrüste, ohne Haut und Knochen
5 EL	Zwiebeln, geschält, fein gehackt
120 g	Kurpflaumen, ohne Stein
2 EL	Erdnussöl
1 EL	Butter
1 EL	Mehl
2 dl	Weisswein
3 dl	Rahm
1 Würfel	Hühnerbouillon
1 EL	Cognac
	Salz
	weisser Pfeffer aus der Mühle

Tip:

Als Beilage eignen sich feine grüne Nüdeli.

Vorbereitung:

Kurpflaumen in Viertel schneiden.

Zubereitung:

Erdnussöl in mittelgrosser Teflonpfanne erhitzen.

Die Poulardenbrüste mit Salz und Pfeffer würzen, beidseitig kurz anbraten, bis sie schön braun sind.

Die Poulardenbrüste aus der Pfanne nehmen und warm stellen.

Das Bratöl abschütten.

In derselben Pfanne die Butter zergehen lassen und die gehackten Zwiebeln darin dünsten, mit Mehl stäuben, Weisswein dazugeben, mit dem Schneebesen gut verrühren und aufkochen lassen.

Den Rahm und die Hühnerbouillon dazugeben und ca. auf die Hälfte bei nicht zu starker Hitze einkochen lassen.

Die Sauce durch ein feines Sieb passieren und wieder in die Pfanne geben.

Abschmecken. Die Kurpflaumenviertel sowie den Cognac beigeben und kurz aufkochen lassen.

Die Poulardenbrüste beigeben, zugedeckt ohne zu kochen ca. 15 Minuten ziehen lassen.

Anrichten:

Die Poulardenbrüste auf warme Teller anrichten.

Die Kurpflaumen gleichmässig auf die Poulardenbrüste verteilen und die Sauce darübernappieren.

CURRY – EIN GEMISCH
AUS VIELEN GEWÜRZEN

Currypulver, wie wir es kennen, haben indische
Köche erstmals für ihre englischen Kolonialherren
erfunden, die keine Ahnung von der indischen Kochkunst hatten, aber diese herrlich-duftenden Aromen
gerne mit nach Europa nahmen...
Das Currypulver besteht aus geriebenen Curryblät-
tern, aus gemahlenem Koriandersamen, aus etwas
Gelbwurz (Kurkuma oder Turmerik genannt), dem
es die schöne gelbe Farbe verdankt, und aus Cayennepfeffer, der für die scharfe Würze sorgt. Dazu
kommen je nach Rezept bis zu 30 oder mehr
Gewürze. Deshalb gibt es in Asien fast so viele
verschiedene Currysorten wie Köchinnen und Köche.
Es ist nicht übertrieben, wenn wir behaupten, dass
Mövenpick Curry-Gerichte überhaupt erst richtig
populär gemacht hat. Die klug ausgetüftelte
Mövenpick-Mischung – nicht zu scharf, aber doch
typisch würzig – hat in den vergangenen vier
Jahrzehnten immer wieder zu neuen Spezialitäten
geführt, von denen wir Ihnen vier verraten...

RIZ COLONIAL

4 Portionen

Zutaten:	
200 g	rote Peperoni, gewaschen, entkernt
200 g	frische Ananas, in Stücken
150 g/1 St	Banane
200 g	Reis, roh (kochfest)
3 dl	Curry-Rahmsauce (Grundrezept Seite 209)
1 dl	Rahm
160 g	Seeteufel-Filets, sauber enthäutet
160 g	Rindshuft, handgeschnetzelt
1 EL	Erdnussöl (1)
160 g	Schweinshuft, handgeschnetzelt
1 EL	Erdnussöl (2)
1 EL	Erdnussöl (3)
½ dl	Soja-Sauce
	Salz
	weisser Pfeffer aus der Mühle

Tip:

Den Riz Colonial können Sie auch auf einer grossen Platte anrichten und die Curry-Rahmsauce separat dazu reichen.
Als Beigabe eignet sich sehr gut Kroepoek. Dieses ist getrocknet in Lebensmittelgeschäften mit Fernostangebot erhältlich. (Wird in heissem Öl gebacken).

Vorbereitung:

Currysauce bereitstellen. Reis kochen und warm stellen.

Das Seeteufel-Filet in ca. 4 cm lange, fingerdicke Streifen schneiden.

Die Peperoni in ca. 4 cm lange, feine Streifen schneiden, in kochendem Wasser aufkochen und abschütten. Banane in ca. 1 cm dicke Scheiben schneiden.

Zubereitung:

Currysauce und den Rahm zusammen aufkochen und warm stellen.

In einer mittleren Teflonpfanne Erdnussöl (1) erhitzen.

Das geschnetzelte Schweinefleisch mit Salz und Pfeffer würzen, kurz kräftig anbraten, aus der Pfanne nehmen und in einer grossen Schüssel warm stellen.

Die Teflonpfanne mit Erdnussöl (2) wieder erhitzen, das geschnetzelte Rindfleisch mit Salz und Pfeffer würzen, kurz kräftig anbraten, so dass das Fleisch noch rosé bleibt. Aus der Pfanne nehmen und zu dem Schweinsgeschnetzelten geben.

Die Teflonpfanne mit Erdnussöl (3) erhitzen, die Seeteufelstreifen mit Pfeffer würzen, ganz kurz anbraten, Peperonistreifen, Ananasstücke und Bananenscheiben dazugeben, kurz schwenken.

Zu dem Geschnetzelten geben.

Die Soja-Sauce in eine grosse Teflonpfanne geben, erhitzen, alle Zutaten aus der Schüssel dazugeben, sorgfältig kurz mischen und vom Feuer nehmen.

Anrichten:

Den Reis als länglichen Sockel in die Mitte der warmen Teller anrichten.

Die Colonial-Mischung gleichmässig auf die Sockel verteilen und die Curry-Rahmsauce rechts und links danebengeben.

Geschälte Ananas (Seite 26) der Länge nach halbieren.

Die Ananashälften dritteln.

Strunk entfernen und die Ananas in Scheiben schneiden.

Riz Casimir

4 Portionen

Zutaten:	
400 g	*Kalbsschnitzel-fleisch, handgeschnetzelt, ca. 3 mm dick*
2 EL	*Erdnussöl*
½ dl	*Weisswein*
200 g	*rote Peperoni, gewaschen, entkernt*
250 g	*frische Ananas, in Stücken (Seite 26)*
250 g/2 St	*kleinere Bananen*
1 dl	*Rahm*
4 dl	*Curry-Rahmsauce (Grundrezept Seite 209)*
2 EL	*Korinthen*
300 g	*Reis, roh (kochfest)*
	Salz
	weisser Pfeffer aus der Mühle

Tip:

Für die Herstellung des Reis-ringes können Sie auch zwei Savarinringe, Ø 16 cm, benützen. (Erhältlich in einschlägigen Fachgeschäften). Einen Ring mit etwas Butter ausfetten, den Reis einfüllen, mit dem anderen Ring fest andrücken und auf den Teller stürzen.
Als Beigabe zum Riz Casimir eignet sich sehr gut Kroepoek. Dieses ist getrocknet in Lebensmittelgeschäften mit Fernostangebot erhältlich. (Wird in heissem Öl gebacken).

Vorbereitung:

Reis kochen und warm stellen.

Curry-Rahmsauce bereitstellen.

Peperoni in ca. 4 cm lange, feine Streifen schneiden, in kochendes Wasser geben, kurz aufkochen, abschütten und abtropfen lassen.

Die Bananen schälen und in ca. 1 cm dicke Scheiben schneiden.

Zubereitung:

Die Currysauce mit Rahm aufkochen und warm stellen.

Das geschnetzelte Kalbfleisch mit Salz und Pfeffer würzen und in zwei Teile teilen.

Eine mittlere Teflonpfanne mit der Hälfte des Öles erhitzen, einen Teil Geschnetzeltes kurz kräftig anbraten, aus der Pfanne nehmen und warm stellen.

Mit dem zweiten Teil ebenso verfahren.

Den Weisswein in die Pfanne geben.

Peperonistreifen, die Ananasstücke und die Bananenscheiben dazugeben, kurz schwenken, warm stellen.

Die Currysauce aufkochen, die Früchte-Gemüse-Mischung sowie das Geschnetzelte dazugeben und gut vermischen.

Anrichten:

Den Reis gleichmässig gehäuft auf warme Teller anrichten.

Mit einer mittelgrossen Schöpfkelle den Reis zu einem Ring formen.

Die Casimir-Mischung einfüllen.

Die Korinthen darüberstreuen.

FEUILLETÉ MIT FRÜCHTEN AN CURRY-RAHM

4 Portionen

Zutaten:

4 St	Blätterteigstücke (7 × 10 cm, 4 mm dick)
1 St	kleines Eigelb
150 g	Äpfel, geschält, ohne Kerne
150 g	Peperoni, halbiert, entkernt, gewaschen
150 g	frische Ananas, geschält, 1 cm dicke Scheiben (Seite 166)
150 g	Melone, ohne Kerne
150 g/1 St	Banane
1,5 dl	Curry-Rahmsauce (Grundrezept Seite 209)
½ dl	Rahm
3 EL	Butter
	Salz
	weisser Pfeffer aus der Mühle

Tip:

Dieses Gericht können Sie mit Früchten Ihrer Wahl noch variieren.

Vorbereitung:

Backofen auf 190 °C vorheizen.

Die Blätterteigstücke mit Eigelb bestreichen, verzieren (Seite 30) und ca. 20 Minuten backen. Warm stellen.

Die Äpfel in ca. 2 x 2 cm grosse Würfel schneiden.

Die Peperoni in ca. 3 x 3 cm grosse Stücke schneiden.

Die Melone schälen und in ca. 2 x 2 cm grosse Würfel schneiden.

Die Banane schälen und in ca. 2 x 2 cm grosse Stücke schneiden.

Die Currysauce und den Rahm mischen, aufkochen und warm stellen.

Zubereitung:

Die Butter in einer grossen Teflonpfanne erhitzen.

Die Peperoni dazugeben und ohne Farbe nehmen zu lassen zugedeckt knackig dünsten.

Die Äpfel, Ananas und Melonen dazugeben, ebenfalls kurz dünsten.

Banane dazugeben, kurz mischen, die erhitzte Currysauce beigeben und zusammen noch einmal kurz erhitzen.

Mit Salz und Pfeffer abschmecken.

Anrichten:

Die Blätterteigkissen horizontal halbieren, die Böden auf die warmen Teller anrichten.

Das Früchteragout gefällig auf die Böden verteilen.

Den Deckel schräg daraufsetzen.

Melone beim Stiel halbieren, mit einem Löffel entkernen.

Die Melonenhälften in Schnitze schneiden, Schale wegschneiden. Das Melonenfleisch würfeln.

Riz Madhubani

4 Portionen

Zutaten:	
300 g	Lammschnitzel-fleisch vom Gigot (Keule), pariert
2 EL	Erdnussöl (1)
200 g/8 St	Riesencrevetten, geschält, entdarmt (Seite 86)
1 EL	Erdnussöl (2)
120 g	Lauch, geputzt, in 4 cm lange Streifen (Seite 38)
140 g	Kumquats, aus der Dose, abgetropft
3 EL	Korinthen
200 g	Reis, roh (kochfest)
2 dl	Curry-Rahmsauce (Grundrezept Seite 209)
¹/₂ dl	Rahm
	Salz
	weisser Pfeffer aus der Mühle

Tip:

*Kumquats sind exotische Zwergorangen.
Wenn Sie frische Kumquats verwenden wollen, müssen diese zuerst in einem Zucker-sirup knackig gekocht werden.*

Vorbereitung:

Reis kochen und warm stellen.

Lammfleisch in ca. 4 cm lange, fingerdicke Streifen schneiden.

Den Lauch waschen, in kochendes Wasser geben, kurz aufkochen lassen, in ein Sieb schütten und mit kaltem Wasser abkühlen.

Kumquats der Länge nach in Viertel schneiden.

Currysauce bereitstellen.

Zubereitung:

Currysauce und Rahm aufkochen und warm stellen.

Erdnussöl (1) in einer grossen Teflonpfanne erhitzen.

Lammfleischstreifen mit Salz und Pfeffer würzen, kurz anbraten (das Fleisch sollte noch rosé sein), aus der Pfanne nehmen.

Den Lauch, Kumquats und die Korinthen beigeben, kurz erwärmen.

Das Lammfleisch beigeben, alles vorsichtig mischen, vom Feuer nehmen.

In einer Pfanne das Erdnussöl (2) erhitzen, die Riesencrevetten beigeben, beidseitig kurz braten.

Anrichten:

Gekochten Reis als runden Sockel auf warme Teller anrichten.

Die Madhubani-Mischung gefällig auf den Reis anrichten.

Die Riesencrevetten anrichten.

Die Curry-Rahmsauce links und rechts danebengeben.

Lammschnitzelfleisch quer zur Faser in Tranchen schneiden, diese in fingerdicke Streifen schneiden.

Desserts – mehr als bloss ein süsser Abschluss

Solange es Mövenpick gibt, solange gibt es die besonderen Dessertkarten. Desserts haben wir seit eh und je kreiert und gepflegt. Desserts soll man dann essen dürfen, wenn man Lust darauf hat, nicht bloss als krönenden Abschluss einer Mahlzeit. Darum räumen wir ihnen dasselbe Gewicht ein wie anderen Gerichten. Darin liegt das Geheimnis! Unsere Dessert-Philosophie führte schon früh zur Erkenntnis, dass wir alles selber machen müssen. Ice Cream zum Beispiel genügte weder in der Qualität noch mit den ewig gleichen Aromen unseren Ansprüchen. So haben wir im Laufe der Zeit nicht nur 175 Sorten von Doppelrahmglacen und Sorbets entwickelt – wovon ca. 15 immer im Sortiment sind –, sondern auch deren Qualität auf eine Stufe gehoben, die uns keiner so schnell nachmachen kann … Dasselbe können wir von unseren Kuchen und Torten behaupten. Backwaren – mehrmals täglich frisch – haben bei Mövenpick ebenso Tradition wie Dessertwagen und Dessertbuffets. Ist es da noch verwunderlich, dass das süsse Kapitel in unserem ersten Kochbuch so vielfältig ausgefallen ist?

MÖVENPICK BIRCHERMÜESLI

4 bis 6 Portionen

Zutaten:	
100 g	Haferflocken
125 g	Zucker
40 g	Sultaninen
1 dl	Milch
2 EL	Zitronensaft, frisch gepresst (Saft von ca. 1 Zitrone)
600 g	Äpfel, gewaschen
125 g	Himbeeren, gewaschen
50 g	rote Johannisbeeren, gewaschen
50 g	Heidelbeeren, gewaschen
3 dl	Rahm

Vorbereitung:

Haferflocken, Zucker, Sultaninen und Milch in eine grosse Schüssel geben, kurz verrühren und ca. 2 Stunden zugedeckt stehenlassen.

Rahm steif schlagen und kühl stellen.

Zubereitung:

Die Äpfel mit der Bircherraffel in die Haferflocken reiben.

Zitronensaft dazugeben und das Ganze mischen.

Himbeeren, Johannisbeeren und Heidelbeeren beigeben und vorsichtig mischen.

Den Schlagrahm mit einem Kochlöffel locker unter das Müesli ziehen.

Tip:

Die Äpfel können auch mit der Röstiraffel gerieben werden. (Röstiraffel siehe Seite 150).
Dem Müesli können diverse Nussarten beigegeben werden und weitere Früchte nach Ihrer Wahl.
Den geschlagenen Rahm können Sie teilweise oder ganz durch Fruchtjoghurt ersetzen.
Die Beeren können auch tiefgekühlt verwendet werden.

Bircherraffel.

Den Apfel bis auf das Kerngehäuse durch die Bircherraffel reiben.

TOGGENBURGER NIDELFLADEN

*1 Kuchen,
ca. 6 bis 8 Portionen*

Zutaten:	
300 g	*geriebener Teig (Kuchenteig, Fertigprodukt)*
250 g	*Birnenweggen- füllung*
3 EL	*Kirsch*
2 EL	*Zucker*
1 Prise	*Zimt, gemahlen*
40 g	*Baumnüsse, geschält*
3 dl	*Milch*
3 dl	*Rahm*
2 St	*Eier*
1½ EL	*Mais- oder Kartoffelstärke*

Tip:

*Birnenweggenfüllung ist eine Schweizer Spezialität (gedörrte Birnen, Nüsse und Zucker). Wenn Sie diese Birnenweggenfüllung beim Bäcker oder Konditor nicht finden, können Sie auch eingekochtes Zwetschgenmus verwenden.
Lauwarm gegessen, mundet der Kuchen hervorragend.*

Vorbereitung:

Den Backofen auf 200°C vorheizen.

Eine Kuchen-Springform, Ø 24 cm, 4 cm hoch, bereitstellen.

Kuchenteig ca. 3 mm dick rund ausrollen und die Form damit auslegen.

Den Teigboden mit einer Essgabel stupfen (einstechen).

Die Baumnüsse grob hacken.

Die Birnenweggenfüllung mit Zimt, 2 EL Kirsch (1 EL noch aufbewahren) und den Baumnüssen vermischen.

Die Eier in einer Schüssel aufschlagen.

Milch, Zucker und den Rahm beigeben.

Gut verrühren (Kuchenguss).

Die Mais- oder Kartoffelstärke mit einem Esslöffel Kirsch anrühren, dem Kuchenguss beigeben und gut vermischen.

Zubereitung:

Die Birnenweggenfüllung in die ausgelegte Kuchenform verteilen. Mit einem Gummischaber glattstreichen.

Den Kuchenguss darübergiessen und im Backofen ca. 50 Minuten auf der untersten Rille backen.

Kuchen aus dem Ofen nehmen und ca. 30 Minuten ruhen lassen.

MOUSSE AU CHOCOLAT

5 bis 6 Portionen

Zutaten:	
½ dl	Espresso-Kaffee
200 g	dunkle Block-schokolade (Couverture)
2 EL	brauner Rum (Qualitätsrum)
2 St	Eiweiss
2 EL	Zucker
1,5 dl	Rahm

Tip:

Zur schöneren Präsentation als Ganzes können Sie feine Schokoladeplättchen darauf garnieren.

Vorbereitung:

Die Blockschokolade (Couverture) in kleine Stücke schneiden (brechen).

Das Eiweiss und den Zucker zu Schnee schlagen.

Den Rahm halbsteif schlagen.

Wasserbad bereitstellen.

Zubereitung:

Espresso, d. h. sehr starken Kaffee, zubereiten und in eine grosse Schüssel geben.

Die Schokoladenstücke und den Rum beigeben.

Die Schüssel im Wasserbad auf ca. 30–35 °C erwärmen (handwarm).

Die aufgelöste Schokolade darf nicht wärmer werden.

Die erwärmte Schokolade vom Wasserbad nehmen.

Zuerst den Eischnee und dann den geschlagenen Rahm mit einem Kochlöffel vorsichtig mit der Masse vermischen (nicht schlagen!).

Die Masse in eine Form von ca. 16 cm Ø, 5 cm hoch abfüllen, zudecken und im Kühlschrank mindestens einen halben Tag ruhen lassen.

Anrichten:

Einen Esslöffel in heisses Wasser tauchen, gut abtropfen lassen, die Mousse zu Nocken formen und sorgfältig anrichten.

Zusätzlich können Sie Doppelrahm und frische Beeren dazu servieren.

Oder die Mousse auf einem Früchtemark (Himbeeren, Erdbeeren, Mango etc., Rezept Seite 188) anrichten.

Als Garnitur eignen sich Zitronenmelisse- oder Pfefferminzblättchen.

Eine Schüssel mit der Schokolade in eine etwas kleinere Kasserolle, die zur Hälfte mit Wasser gefüllt wurde, stellen.

Einen Löffel kurz in heisses Wasser tauchen, abtropfen lassen und, vom Rand der Schüssel her beginnend, eier-förmige Nocken ausstechen.

BRAUNY'S SCHNITTEN

ca. 90 Guetzli

Zutaten:	
400 g	dunkle Schokolade (1)
4 EL	Wasser (1)
4 St	Eier
360 g	brauner Zucker (Rohzucker)
90 g	Butter (1)
120 g	Mehl
160 g	Baumnusskerne, grob gemahlen
1 EL	Butter (2)
150 g	dunkle Schokolade (2)
4 EL	Wasser (2)
2 EL	Butter (3)
70 g	geviertelte Baumnusskerne

Tip:

Die Brauny's eignen sich sehr gut als Kaffeegebäck und zwischendurch zum Naschen. Die Brauny-Masse kann auch auf einem Backtrennpapier gebacken werden.

Vorbereitung:

Ofen auf 170°C vorheizen.

Schokolade (1) in kleine Stücke schneiden.

Mit Wasser (1) in einer mittleren Schüssel im Wasserbad auflösen (Seite 180). Auf kleinem Feuer warm halten (bei ca. 30°C).

Die Eier in eine andere Schüssel geben, mit Rohzucker vermischen und mit dem Schneebesen schaumig schlagen (Eicrème).

Zubereitung:

Butter (1) in die warme Schokolade einrühren und zur Eicrème geben.

Das Mehl sieben und unter Rühren der Masse zufügen, die gemahlenen Baumnüsse darunterziehen.

Ein rechteckiges Kuchenblech mit Butter (2) bestreichen. Die Masse ca. 2 cm hoch darauf verteilen und glattstreichen. Die Masse füllt ca. die Hälfte des Bleches.

Im Ofen auf der untersten Rille ca. 20 Minuten backen.

Aus dem Ofen nehmen und etwas abkühlen lassen.

Guss zubereiten:

Die Schokolade (2) in kleine Stücke schneiden.

Wasser (2) heiss in eine Schüssel geben, die Schokolade zugeben und im Wasserbad schmelzen lassen (Seite 180).

Die Butter (3) unter Rühren beigeben. Die aufgelöste Masse darf die Temperatur von 35°C (Fingerprobe) nicht übersteigen.

Die Glasur auf dem gebackenen Brauny verteilen, etwas abkühlen lassen.

Glasierte, gebackene Brauny vom Blech nehmen und auf einem Schneidebrett in ca. 3,5 cm Quadrate schneiden. Pro Guetzli eine geviertelte Baumnuss darauflegen.

TARTE FINE AUX POMMES

4 Portionen

Zutaten:

200 g	*Blätterteig*
2 St	*grosse Äpfel (kochfest)*
3 EL	*Butter*
3 EL	*Zucker*

Tip:

Die Tarte fine aux pommes soll warm gegessen werden. Dazu passt ausgezeichnet eine Kugel Mövenpick Maple Walnuts Doppelrahm Ice Cream, welche in die Mitte der Tarte fine angerichtet wird.

Vorbereitung:

Backofen auf 200 °C vorheizen.

Zubereitung:

Den Blätterteig ca. 3 mm dick ausrollen.

Mit einem runden Ausstecher, Ø 12 cm, vier Rondellen ausstechen.

Mit einer Essgabel stupfen (einstechen).

Backblech mit Backtrennpapier auslegen, die Rondellen darauflegen.

Die Äpfel schälen, halbieren und das Kerngehäuse entfernen. In ca. 4 mm dicke Scheiben schneiden und die Rondellen kreisförmig damit belegen.

Die Butter in einem Pfännchen zergehen lassen und mit einem Pinsel die Äpfel vorsichtig bestreichen.

Den Zucker gleichmässig über die Äpfel streuen.

Im Backofen auf der untersten Rille ca. 15 Minuten bei 200 °C backen.

Anrichten:

Tarte fine auf die Teller verteilen.

Teigrondellen mit einer Gabel stupfen und mit Apfelscheiben belegen.

Die Tarte mit flüssiger Butter bestreichen.

Flamri au chocolat

5 bis 7 Förmchen

Zutaten:	
125 g	dunkle Block-schokolade (Couverture)
3 g/2 Bl	Gelatine
2,5 dl	Milch (1)
25 g	Hartweizengriess
1 Prise	Salz
2 EL	Zucker
½ dl	Milch (2)
1,4 dl	Rahm
2 dl	Schokoladensauce
15 g	Schokoladenspäne

Tip:

Die Flamrimasse kann auch in eine Schüssel gegeben werden.
Diese dann stürzen und die Masse in Stücke schneiden. Als weitere Beigabe eignet sich sehr gut Vanillesauce oder eine Himbeermarksauce (Rezept Seite 188).
Die Saucen können als Spiegel auf den Tellern angerichtet werden, das Flamri daraufgeben und mit frischen Beeren garnieren.

Vorbereitung:

Die Schokolade fein schneiden.

Die Gelatineblätter in kaltem Wasser einweichen.

Den Rahm steif schlagen und kühl stellen (etwas Rahm zum Garnieren aufbewahren).

Zubereitung:

Die Milch (1) in einer kleinen Kasserolle zum Kochen bringen, Griess in die kochende Milch einlaufen lassen, ca. 10 Minuten leicht kochen. (Oft rühren, da sonst Anbrenngefahr).

Die Prise Salz, den Zucker und die Schokoladenstücke unter den kochenden Griess mischen, vom Feuer nehmen.

Die Milch (2) in einer kleinen Stielkasserolle erwärmen.

Die Gelatine gut ausdrücken, in die Milch geben, auflösen lassen und mit einem Kochlöffel unter den Griess mischen. Gut verrühren.

Den Griess auf ca. 30°C abkühlen lassen (Handprobe).

Den Schlagrahm mit einem Gummispachtel vorsichtig unter die Masse ziehen und sofort in Förmchen abfüllen. (Förmcheninhalt ca. 1–1,5 dl).

Im Kühlraum zugedeckt gut auskühlen lassen.

Anrichten:

Die Schokoladensauce erwärmen und als Spiegel auf Teller anrichten.

Die Flamris stürzen und daraufgeben.

Mit Rahm und Schokoladenspänen garnieren.

FEIGEN AUF HIMBEERMARK

4 Portionen

Zutaten:	
300 g	Himbeeren, frisch oder tiefgekühlt
200 g	Kristallzucker
2 EL	Zitronensaft
4 St	frische blaue Feigen, gewaschen
4 halbe St	Baumnüsse, geschält
4 Kugeln	Mövenpick Pistazien Doppelrahm Ice Cream

Tip:

Der kalten Himbeermarksauce können ca. 2 EL Himbeergeist oder Kirschwasser beigegeben werden.

Vorbereitung:

Die Himbeeren mit dem Zucker und dem Zitronensaft in einer kleinen Stielkasserolle aufkochen.

Im Mixer oder mit dem Mixstab pürieren und durch ein Sieb streichen.

Das Mark erkalten lassen.

Zubereitung:

Bei den Feigen den Stiel und die Fliege entfernen, dreimal übers Kreuz einschneiden, vorsichtig zu einem Stern auslegen.

Die Sauce als Spiegel auf Teller anrichten, einen Stern in die Mitte legen und je eine Kugel Pistazien Ice Cream auf den Stern geben.

Mit Baumnüssen garnieren.

Stiel und Fliege der Feige entfernen, von oben her ca. 3/4 der Frucht sternförmig einschneiden und vorsichtig auseinanderziehen.

188

ROTWEIN-PORTO-FEIGEN

20 Stück

Zutaten:

20 St	*Smirnafeigen, getrocknet*
5 dl	*Rotwein (7 dl-Qualität)*
⅓ St	*Zimtstengel*
1 St	*Orange, gewaschen, halbiert*
2,5 dl	*Porto Old Coronation, rot*
	frische Pfefferminz- blätter

Tip:

Die besten getrockneten Feigen sind die Smirnafeigen (Türkei).
Beim Rotwein nehmen Sie mit Vorteil einen spanischen Rioja.
Zu den Feigen kann noch geschlagener Rahm oder Doppelrahm gereicht werden.

Zubereitung:

Die Feigen in warmem Wasser waschen, in eine grosse, flache Stielkasserolle geben.

Den Rotwein hinzufügen, erhitzen und auf den Siedepunkt bringen, jedoch nicht kochen lassen.

Zimtstengel und die Orangenhälften zu den Feigen geben.

Zusammen 5 Minuten am Siedepunkt ziehen lassen.

Vom Feuer nehmen, den Porto dazugeben und zugedeckt gut abkühlen lassen.

Anrichten:

Pro Portion drei Feigen in ein Glas geben.

Mit dem Rotwein-Porto-Saft übergiessen.

Mit einem Pfefferminzblatt garnieren.

EISKAFFEE ESPRESSO KROKANT

4 Portionen

Zutaten:

6 dl	kalter Kaffee (oder kalter Espresso)
8 grosse Kugeln	Mövenpick Espresso Krokant Ice Cream
1 dl	Rahm
20 g	Baumnüsse, caramelisiert

Tip:

Wenn Sie keine caramelisierten Baumnüsse kaufen können, so nehmen Sie statt dessen Haselnusskrokant. Der Kaffee kann nach Wunsch mit Kirschwasser oder Kaffeeliqueur parfümiert werden. Dazu passt ausgezeichnet ein qualitativ gutes Bricelet oder eine Hüppenrolle.

Vorbereitung:

Den Rahm steif schlagen und kühl stellen.

Anrichten:

4 geeignete Gläser bereitstellen.

Je 2 Kugeln Ice Cream in die Gläser schöpfen.

Den Kaffee gleichmässig dazugeben.

Den geschlagenen Rahm mit einem Spritzsack und Tülle gefällig dekorieren.

Mit caramelisierten Baumnüssen garnieren.

COUPE TÊTE-À-TÊTE
Eisbecher

1 Coupe (Eisbecher)

Zutaten:	
Mövenpick Ice Cream:	
3 Kugeln	*Vanille Doppelrahm Ice Cream*
1 Kugel	*Chocolat Chips Doppelrahm Ice Cream*
1 Kugel	*Himbeer Sorbet*
1 Kugel	*Caramelita Doppelrahm Ice Cream*
1 Kugel	*Apricot Joghurt Ice Cream*
1 Kugel	*Maple Walnuts Doppelrahm Ice Cream*
1 Kugel	*Erdbeer Sorbet*
1 dl	*Rahm*
2 St	*Bananen, geschält, in Scheiben*
250 g	*frischer Fruchtsalat*
100 g	*Erdbeeren, gerüstet, gewaschen, halbiert*
3 EL	*Erdbeersauce*
1 EL	*Schokoladensauce*
1 EL	*Brombeersauce*
3 St	*Cornets (Eiswaffeln)*

Tip:

Wenn Sie keine Cornets kaufen können, so ersetzen Sie diese durch Bricelets. Den Rahm dekorieren Sie nach Belieben.

Vorbereitung:

Zum Herstellen dieser Coupe Tête-à-Tête benötigen Sie einen grossen Eisbecher bzw. ein grosses Glas mit Stiel.

Den Rahm steif schlagen und kühl stellen.

Die Erdbeeren mit 2 Esslöffel Erdbeersauce marinieren.

Fruchtsalat nach Ihrer Wahl herstellen.

Zubereitung:

Die Vanille Ice Cream in das Glas schöpfen.

Den Fruchtsalat und die Bananenscheiben obenauf geben.

Die 6 verschiedenen Kugeln Ice Cream kranzförmig auf den Fruchtsalat anrichten.

Geschlagenen Rahm in einen Dressiersack geben und ca. die Hälfte in die 3 Cornets füllen. Die Cornets seitlich einstecken.

Den anderen Rahm (bis auf einen kleinen Rest) in die Mitte geben, Erdbeeren darauflegen und mit einer Rahmrosette garnieren.

Schokoladensauce sowie die beiden Fruchtsaucen neben den Rahm der einzelnen Cornets träufeln.

La Fontaine

4 Coupes (Eisbecher)

Zutaten:	
150g	*Brombeeren, frisch oder tiefgekühlt (1)*
100g	*Kristallzucker*
1 EL	*Zitronensaft*
300g	*Brombeeren, frisch oder tiefgekühlt (2)*
4 grosse Kugeln	*Mövenpick Vanille Doppelrahm Ice Cream*

Tip:

Die gleiche Rezeptur können Sie ebensogut auch mit Himbeeren oder Erdbeeren zubereiten.

Vorbereitung:

Die Brombeeren (1) mit dem Zucker und Zitronensaft in einer kleinen Stielkasserolle zum Kochen bringen und 3 Minuten schwach kochen lassen.

Das Ganze im Mixer oder Stabmixer fein pürieren und durch ein feines Sieb streichen (Brombeermarksauce).

Zubereitung:

Das Brombeermark in eine kleine Stielkasserolle geben, aufkochen.

Die Brombeeren (2) dazugeben, einmal aufkochen lassen, sofort vom Feuer nehmen.

Die warmen Brombeeren in 4 geeignete flache Eisbecher geben und je eine Kugel Mövenpick Vanille Doppelrahm Ice Cream in die Mitte setzen.

SHERRY-SABAYON MIT TRAUBEN

4 Portionen

Zutaten:	
1 dl	Weisswein
100 g	Kristallzucker
6 g/4 Bl	Gelatine
3 St	Eigelb
1,5 dl	Rahm
2 EL	Sherry Cream (süss)
150 g	blaue Trauben, gewaschen, ohne Stiel
4 EL	Mandeln, gehobelt
2 KL	Staubzucker

Tip:

Als weitere Früchte eignen sich sehr gut: kleine, ausgestochene Melonenkügelchen oder frische Beeren, wie z.B. Himbeeren, Brombeeren, Walderdbeeren.
Achten Sie beim Einkauf auf das Gewicht des einzelnen Gelatineblattes (ist auf der Packung aufgedruckt).
Das Aufschlagen des Sabayons und das Kaltrühren können Sie auch in einer Haushaltskombi-Küchenmaschine machen.

Vorbereitung:

Die Gelatine in kaltem Wasser einweichen.

Den Rahm steif schlagen und kalt stellen.

Die gehobelten Mandeln mit dem Staubzucker mischen.

Ein Kuchenblech mit Backtrennfolie auslegen.

Die Mandeln darauf ausbreiten und zu kleinen Plätzchen formen.

Den Ofen auf maximale Oberhitze erhitzen (Heizschlangen).

Die Mandelplätzchen caramelisieren (ca. 3 Minuten).

Trauben halbieren und die Kerne entfernen.

Zubereitung:

Die Eigelbe in einer mittelgrossen Schüssel mit dem Schneebesen schaumig schlagen.

Den Weisswein und den Zucker in einer kleinen Stielkasserolle aufkochen, vom Feuer nehmen, unter kräftigem Rühren die Eigelbe einlaufen lassen und mit dem Schneebesen kräftig schlagen, bis die Masse kalt ist.

Die Gelatine gut ausdrücken und in einer kleinen Stielkasserolle vorsichtig erwärmen, bis sie aufgelöst ist und mit dem Schneebesen unter die kalt geschlagene Masse rühren.

Den Sherry vorsichtig darunterrühren, den geschlagenen Rahm dazugeben und locker mit dem Ganzen vermischen.

Anrichten:

Die Hälfte der Trauben in 4 grosse Gläser geben.

Den Sabayon sofort darauf verteilen und ca. 2 Stunden zugedeckt im Kühlschrank ruhen lassen.

Vor dem Servieren mit den restlichen Trauben und den caramelisierten Mandelplätzchen dekorieren.

Mandelplätzchen auf Backtrennpapier formen.

Die gebackenen Plätzchen noch heiss vorsichtig mit dem Spachtel lösen.

198

FLAMRI AU CITRON

8 Portionen
(ca. 1,1 kg Flamri)

Zutaten:	
1,5 dl	Zitronensaft, frisch gepresst (ca. 5 Zitronen)
40 g	Zitronenzesten (Zitronenschalen-Streifen)
150 g	Gelierzucker
5 dl	Milch
50 g	Hartweizengriess
60 g	Kristallzucker
¼ KL	Salz
10 g/6 Bl	Gelatine
2,5 dl	Rahm

Tip:

Als Beilage eignet sich hervorragend ein Orangensalat mit
Pistazien.
Vor dem Stürzen tauchen Sie
die Form oder die Förmchen
mit Vorteil kurz in heisses
Wasser.
Zitronenzeste können auch
mit einem Zestmesser her-
gestellt werden.

Vorbereitung:

Dieses Flamri können Sie in kleine gebutterte
Tassen oder Förmchen füllen oder in einen Ring
oder eine Terrinenform geben (ca. 1 bis 1,1 Liter).

Zitronen gut waschen und mit einem Rüstmesser
schälen (nur das äussere Gelbe) und in feine
Streifen schneiden.

Die geschälten Zitronen halbieren und auspressen.

Den Rahm steif schlagen und kühl stellen.

Die Gelatine in kaltem Wasser einweichen.

Zubereitung:

Zitronensaft und Zitronenzeste mit dem Gelier-
zucker in einer kleinen Stielkasserolle auf starkem
Feuer ca. 5 Minuten dickflüssig einkochen lassen.
Vom Herd nehmen und auskühlen lassen.

Die Milch in einer kleineren Stielkasserolle aufkochen, den Griess einrühren, auf kleinem Feuer
unter öfterem Umrühren ca. 10 Minuten leicht
kochen lassen.

Zucker und Salz daruntermischen, vom Feuer
nehmen, eingeweichte Gelatine gut ausdrücken
und in die Masse einrühren. Gut vermischen.

Die Hälfte der eingekochten Zitronenmasse in die
Griessmasse geben und gut mischen. (Griessmasse
auf Zimmertemperatur abkühlen).

Den geschlagenen Rahm mit einem Kochlöffel vorsichtig daruntermischen.

Die Masse in die bereitgestellte Form geben, glattstreichen und zugedeckt im Kühlschrank auskühlen lassen.

Anrichten:

Aus der Form stürzen, evtl. in Portionen schneiden
und anrichten.

Die Portionen mit der restlichen Zitronenmasse
garnieren.

Zitronenschale mit
Zestschneider abziehen
(wenn vorhanden).

Oder Zitronengelb mit dem
Messer dünn abschälen und
in feine Streifen schneiden.

GRUNDREZEPTE:
TYPISCH MÖVENPICK!

Was ist typisch Mövenpick? – Etwa die himmlischen Dessertleckereien? Oder der köstliche
Kaffee? Oder die Buffets mit den zahlreichen,
knackig-frischen Salaten? Oder die Weine des
Monats? Vieles wäre hier aufzuzählen…
Typisch Mövenpick ist aber auch das folgende Kapitel „Grundrezepte". Sie finden hier keine Fonds
oder andere Grundzubereitungen, sondern das, was
die Mövenpick-Küche auch ausmacht, etwa die
reiche Auswahl von Salatsaucen, die raffinierten
Begleitsaucen zu Krustentieren und Fisch, die
Grilladen oder auch unsere beliebte und berühmte
„Beurre Café de Paris", die Sie ruhig in grösseren
Portionen zubereiten und im Tiefkühlfach auf Vorrat
halten können. Das gilt übrigens auch für unsere
famose Curry-Rahmsauce, die „Beurre Provençale"
und die „Sauce tomates concassées", die neben
Fleisch und Fisch auch prima zu Teigwaren passen.
Apropos Vorrat: Bereiten Sie Salatsaucen halbliter-
oder literweise zu – in Flaschen halten sie sich
problemlos zwei bis drei Wochen im Kühlschrank.

BEURRE CAFÉ DE PARIS

1 kg

Zutaten:	
150 g	Zwiebeln, fein gehackt
1 St	Knoblauchzehe, fein gehackt
1 EL	Erdnussöl
½ dl	Weisswein
1 KL	Majoran, getrocknet, gerebelt
1 KL	Thymian, getrocknet, gerebelt
½ KL	Rosmarin, gemahlen
4 EL	Petersilie, gehackt
650 g	Butter
1 KL	Paprika, edelsüss
1½ KL	Currypulver
1 KL	weisser Pfeffer, gemahlen
1 EL	Salz
	frischer Zitronensaft (Saft einer Zitrone)
2 EL	Worcestershire Sauce
2 EL	Cognac
1 EL	Madère
1 EL	Schnittlauch, geschnitten
2 St	Eigelb
1 St	Ei

Vorbereitung:

Die Butter aus dem Kühlschrank nehmen und bei Zimmertemperatur stehenlassen, bis sie schön weich ist.

Zubereitung:

Die weiche Butter in einen Rührkessel geben und gut schaumig rühren.

In einer kleinen Stielkasserolle das Erdnussöl erhitzen, den Knoblauch und die Zwiebeln beigeben, weichdünsten, ohne Farbe nehmen zu lassen.

Abkühlen lassen.

In eine andere kleine Stielkasserolle den Weisswein geben und erhitzen. Majoran, Thymian und Rosmarin beigeben und alles einkochen lassen.

Vom Feuer nehmen und erkalten lassen.

Die zwei vorbereiteten Mischungen sowie Paprika, Currypulver, Pfeffer, Salz, Zitronensaft, Worcestershire, Cognac, Madère in die Butter geben und alles sehr gut verrühren.

Zum Schluss die Eigelb und das Ei sowie die Petersilie und den Schnittlauch beigeben, die Butter nun langsam rühren, bis alles gut gemischt bzw. gebunden ist.

Tip:

Die fertige Café-de-Paris-Butter in 5 Stücke teilen, auf ein rechteckiges Pergamentpapier geben, zu Rollen formen und tiefkühlen.
Zum Verbrauch kann die Butterrolle leicht angetaut und mit einem in heisses Wasser getauchten Messer in Scheiben geschnitten werden.

BEURRE PROVENÇALE

450g

Zutaten:	
1 EL	Olivenöl
2 EL	Knoblauchzehe, fein gehackt
2 EL	Zwiebeln, fein gehackt
1 KL	Zitronensaft
1 KL	Worcestershire Sauce
1 Spritzer	Tabasco
1 KL	Salz
	weisser Pfeffer aus der Mühle
1 EL	frischer Estragon, abgezupft, fein gehackt
2 EL	Petersilie, gehackt
1 EL	Majoran, abgezupft, fein gehackt
1 EL	Salbeiblätter, fein gehackt
1 EL	Basilikumblätter, fein gehackt
400 g	Butter

Zubereitung:

Knoblauch und Zwiebeln in Olivenöl dünsten und abkühlen lassen.

Die Butter bei Zimmertemperatur schaumig schlagen.

Alle Zutaten und Gewürze beigeben, gut verrühren.

Tip:

Die fertige Provençale-Butter in 5 Stücke teilen, auf ein rechteckiges Pergamentpapier geben, zu Rollen formen und tiefkühlen.
Zum Verbrauch kann die Butterrolle leicht angetaut und mit einem in heisses Wasser getauchten Messer in Scheiben geschnitten werden.

ROSE ISLAND COCKTAILSAUCE

5 dl

Zutaten:	
4 EL	Cornichons, fein gehackt
250 g	Mayonnaise
150 g	Tomatenketchup
1 EL	Tafelsenf, mild
1 KL	Chilisauce
1 KL	Cognac
1 KL	Weissweinessig
	Salz
	weisser Pfeffer aus der Mühle

Zubereitung:

Die Mayonnaise in eine mittelgrosse Schüssel geben.

Cornichons, Tomatenketchup, Tafelsenf, Chilisauce und Cognac beigeben.

Alles vermischen.

Unter Rühren den Weissweinessig langsam einlaufen lassen.

Mit Salz und Pfeffer abschmecken.

Tip:

*Die Hälfte der Mayonnaise kann durch Joghurt nature ersetzt werden.
Eine andere Geschmacksvariante lässt sich mit frisch gehacktem Dill erreichen.
Diese Sauce passt hervorragend zu kleinen Crevetten oder als Dipping für rohes Gemüse und ebenfalls als Sauce zu Fondue chinoise.*

AVOCADOSAUCE
Guacamole

240 g

Zutaten:	
1 St	Avocado, ohne Stein, ohne Schale
2 EL	Zwiebeln, fein gehackt
4 EL	Tomatenwürfel (Seite 24)
2 EL	Mayonnaise
1 EL	Petersilie, gehackt
½ KL	Sambal Oelek
2 KL	Zitronensaft
	Salz
	weisser Pfeffer aus der Mühle

Tip:

*Die Avocado muss gut reif sein, da sie sich sonst nicht passieren lässt und der Geschmack wenig ausgeprägt ist.
Die Sauce kurz vor Gebrauch herstellen, da sie sich sehr schnell verfärbt.*

Zubereitung:

Die Zwiebeln in kochendem Wasser kurz aufkochen und abtropfen lassen. Die Avocado in Würfel schneiden und mit einem Plastikschaber durch ein feines, flaches Sieb in eine kleine Schüssel passieren.

Die übrigen Zutaten dazugeben, gut mischen und abschmecken.

Avocado mit einem Messer schälen.

Avocado halbieren, Kern herausnehmen und das Fruchtfleisch in Würfel schneiden.

Die Avocadowürfel durch ein feines Drahtsieb streichen.

SAUCE AIOLI

2,5 dl

Zutaten:	
200 g	Mayonnaise
1 St	Knoblauchzehe, fein gehackt
1 KL	Meerrettichsenf
½ dl	Rahm
2 EL	Petersilie, gehackt
	Salz
	weisser Pfeffer aus der Mühle

Zubereitung:

Rahm steif schlagen.

Mayonnaise in eine kleine Schüssel geben.

Knoblauch, Meerrettichsenf und Petersilie dazugeben und mit dem Schneebesen mischen.

Den geschlagenen Rahm vorsichtig darunterziehen und mit Salz und Pfeffer abschmecken.

Tip:

Diese Sauce eignet sich zu gebratenen Krustentieren, z. B. Scampi, Riesencrevetten, und zu gebratenen Fischfilets. Ebenfalls zum Fondue chinoise kann sie gereicht werden.

CURRY-RAHMSAUCE

1,2 Liter

Zutaten:

100 g	Zwiebeln, grob gehackt
100 g	kleine Apfelwürfel
100 g	Banane, in Scheiben geschnitten
3 EL	Erdnussöl
40 g	Kokosnuss, geraspelt
30 g	Currypulver
8 dl	Wasser (1)
1 St	Knoblauchzehe, fein gehackt
1 EL	Soja-Sauce, Kikkoman
40 g	Erdnussbutter
¼ KL	Sambal Oelek
½ dl	Orangensaft, frisch gepresst
80 g	Currysaucen- pulver (Beutel)
2 dl	Wasser (2)
20 g	Fleischbouillon- paste
2 dl	Rahm

Zubereitung:

Das Erdnussöl in einer mittelgrossen Kasserolle erhitzen, die Zwiebeln beigeben, kurz dünsten.

Die Äpfel und Bananen beigeben und alles kurz anziehen.

Die Kokosraspeln und das Currypulver einstreuen, kurz anziehen und mit dem Wasser (1) ablöschen.

Das Ganze mit dem Mixer fein pürieren.

Wieder in die Kasserolle geben und zum Kochen bringen.

Knoblauch, Soja-Sauce, Erdnussbutter, Sambal Oelek, Orangensaft und die Bouillonpaste bei-geben, gut verrühren und ca. 10 Minuten leicht kochen lassen.

Das Currysaucenpulver mit dem Wasser (2) in einer kleinen Schüssel mit dem Schneebesen gut verrühren und in die kochende Sauce einlaufen lassen.

Das Ganze noch ca. 2 Minuten unter Rühren gut kochen lassen.

Die Sauce durch ein feines Sieb passieren und nochmals fein mixen.

Den Rahm beigeben und noch einmal kurz auf-kochen.

Tip:

Die Sauce abkühlen lassen, in kleine, tiefkühlfähige Behältnisse mit Deckel oder in kleine Saucenbeutel geben (ca. 2 dl pro Behältnis) und tiefkühlen. Hält sich ca. 4 bis 6 Monate.
Erdnussbutter und Sambal Oelek finden Sie in jedem guten Fachgeschäft mit fern-östlichen Produkten.

CHAMPIGNONS-RAHMSAUCE

1 Liter

Zutaten:	
700 g	frische Champignons, geputzt
1 dl	Wasser
1,5 dl	Weisswein
1 KL	Zitronensaft
2 EL	Butter
6 EL	Mehl
1 dl	Rahm
	Salz
	weisser Pfeffer aus der Mühle

Zubereitung:

Das Wasser, den Weisswein und den Zitronensaft in eine mittelgrosse Kasserolle geben, kochen lassen, die Champignons beigeben, zugedeckt auf den Siedepunkt bringen und ca. 2 Minuten kochen.

Die Kasserolle vom Herd nehmen und erkalten lassen.

Die Butter in einer mittleren Kasserolle zerlaufen lassen, das Mehl beigeben und mit einer Holzkelle gut verrühren (Mehlschwitze).

Den erkalteten Champignonsfond abpassieren und zu der Mehlschwitze geben.

Mit dem Schneebesen gut verrühren, aufkochen und ca. 20 Minuten auf schwachem Feuer kochen lassen.

Die Champignons in Scheiben schneiden und zusammen mit dem Rahm in die Sauce geben.

Mit Salz und Pfeffer abschmecken und nochmals kurz aufkochen lassen.

Tip:

Wichtig: Beim Mischen von Fond und Mehlschwitze sollte immer eine Komponente kalt sein, damit sich keine Klumpen bilden.
Diese Sauce eignet sich nicht zum Tiefgefrieren.

Sauce tomates concassées

1 Liter

Zutaten:

60 g/6 EL	Zwiebeln, fein gehackt
1 St	Knoblauchzehe, fein gehackt
1,2 kg	Pelati, geschält (Dose), abgetropft
½ dl	Erdnussöl
2 EL	Tomatenpurée
1 St	Lorbeerblatt
1 KL	Oregano, getrocknet
1 EL	Zucker
1 KL	Thymian, getrocknet
	Salz
	weisser Pfeffer aus der Mühle

Zubereitung:

Pelati in grobe Stücke schneiden.

Erdnussöl in einer mittleren Kasserolle erhitzen.

Zwiebeln und Knoblauch beigeben und glasig dünsten.

Tomatenpurée beigeben und unter Rühren ein wenig anziehen.

Pelatiwürfel dazugeben, alles gut mischen und zum Kochen bringen.

Lorbeerblatt, Oregano, Zucker und Thymian zu den Tomaten geben und ca. 15 Minuten leicht kochen lassen.

Mit Salz und Pfeffer abschmecken, vom Feuer nehmen und das Lorbeerblatt herausnehmen.

Tip:

Pelati lassen sich in der Saison auch durch frische, geschälte, entkernte Tomaten ersetzen.
Die Sauce kann in kleinen tiefkühlfähigen Gefässen mit Deckel, à ca. 2 dl, tiefgekühlt werden.

STEAK TATARSAUCE

5 dl

Zutaten:	
3 EL	Cornichons, fein gehackt
3 EL	Zwiebeln, fein gehackt
3 EL	Kapern, fein gehackt
3 EL	grüne Oliven, fein gehackt
30 g/3 EL	Gewürzgurke, fein gehackt
250 g	Tomatenketchup
2 EL	Tafelsenf, mild
3 EL	Sonnenblumenöl
1 Spritzer	Tabasco
1 KL	Paprika, edelsüss
1 KL	Salz
1 KL	weisser Pfeffer aus der Mühle

Zubereitung:

Alle gehackten Zutaten in eine kleine Schüssel geben.

Das Ketchup und den Senf dazugeben, kurz mischen und unter Rühren das Sonnenblumenöl beifügen.

Tabasco, Paprika, Salz und Pfeffer beigeben, alles gut vermischen und abschmecken.

Tip:

Die fertige Sauce in 1 dl-Einheiten tiefkühlen; das reicht für ca. 4 Personen.

SAUCE TARTARE

450 g

Zutaten:

1 St	Ei, hartgekocht, geschält
300 g	Mayonnaise
50 g	Gewürzgurken, fein gehackt
1 EL	Kapern, fein gehackt
3 EL	Zwiebeln, fein gehackt
2 EL	Petersilie, fein gehackt
	Salz
	weisser Pfeffer aus der Mühle

Zubereitung:

Das Ei in kleine Würfel schneiden (siehe Seite 68).

Die Mayonnaise in eine mittelgrosse Schüssel geben, alle Zutaten beifügen, gut verrühren und mit Salz und Pfeffer abschmecken.

Tip:

Die Sauce Tartare eignet sich sehr gut als Beigabe zu kalten, gebratenen Fleischsorten, zu gebackenem Fisch und Gemüse oder als Sauce für Fondue chinoise.

QUARKAUFSTRICH

275 g

Zutaten:

250 g	Rahmquark
5 EL	Schnittlauch, fein geschnitten
	Salz
	weisser Pfeffer aus der Mühle

Zubereitung:

Den Rahmquark mit dem Schnittlauch vermischen und mit Salz und Pfeffer abschmecken.

Tip:

Die Hälfte des Rahmquarks kann durch Magerquark ersetzt werden.
Die Aufstrichmasse eignet sich gut als Brotaufstrich (Sandwiches) oder für gefüllte Croissants und Brötchen.
Dieser Quarkaufstrich mundet ebenfalls ausgezeichnet zu gebackenen Kartoffeln (Baked potatoes).

WEISSWEIN-BACKTEIG

5 dl

Zutaten:	
15 g	*Hefe*
½ KL	*Kristallzucker*
2 EL	*lauwarmes Wasser*
200 g	*Mehl*
½ KL	*Salz*
1 EL	*Erdnussöl*
2 dl	*Weisswein*
2 St	*Eiweiss*
	weisser Pfeffer aus der Mühle

Zubereitung:

Hefe, Zucker und Wasser verrühren und 10 Minuten stehenlassen.

Mehl in eine Schüssel sieben und eine Vertiefung anbringen.

Öl, Salz, Pfeffer und die aufgelöste Hefe hineingeben.

Den Wein dazugiessen und alles rasch zu einem Teig mischen.

Den Teig zugedeckt ca. 1 Stunde bei Zimmertemperatur ruhen lassen.

Das Eiweiss zu Schnee schlagen und vorsichtig unter den Teig ziehen.

Den Backteig erst kurz vor Gebrauch herstellen.

Er eignet sich für verschiedene Produkte, die schwimmend ausgebacken werden: Gemüse, wie z.B. Schwarzwurzeln, Blumenkohl, Zucchetti, Auberginen, oder Fischfilets und kleinere Geflügelstücke.

HAUSGEMACHTE NUDELN

1,5 kg

Zutaten:	
900 g	Mehl
100 g	Griess
10 St	Eier
1½ EL	Olivenöl
1 EL	Salz

Tip:

Für Spinatnudeln: 100 g gehackten, sehr gut ausgedrückten Spinat beigeben und die Eier auf 8 Stück reduzieren.
Für Tomatennudeln: 2 EL/30 g Tomatenpurée beigeben und die Eier auf 9 Stück reduzieren.

Zubereitung:

Mehl und Griess in eine grosse Schüssel oder in die Rührmaschine geben.

Eier, Salz und Olivenöl beigeben und zu einem festen Teig kneten.

Den Teig in ein feuchtes Tuch oder in eine Plastikfolie einwickeln und ca. 2 Stunden im Kühlschrank ruhen lassen.

Den Teig mittels einer Nudelmaschine zu Nudeln verarbeiten und auf einem Blech flach und locker ausbreiten.

Nudeln ca. 3 Minuten im Salzwasser kochen.

Den Nudelteig in 6 Teile schneiden und mit einem Wallholz ca. 5 mm dick der Länge nach ausrollen. Den Teig mehrmals durch die Teigmaschine drehen, bis er möglichst dünn ist. (Dabei immer etwas Mehl stäuben).

Die Teigbänder in ca. 30 cm lange Stücke schneiden, diese durch die Nudelwalze drehen und ausbreiten.

BIERTEIG FÜR DÜNNKRUSTIGE ZUBEREITUNGEN

6 dl

Zutaten:	
150 g	Mehl
4½ EL	Kartoffelstärke
2 dl	Bier, hell (1)
2 EL	Erdnussöl
1 St	Eigelb
2 dl	Bier, hell (2)
	Salz
	weisser Pfeffer aus der Mühle

Zubereitung:

Mehl und Kartoffelstärke in eine kleinere Schüssel geben und mischen.

Bier (1) dazugeben und mit einem Schneebesen gut verrühren.

Erdnussöl, Eigelb und Bier (2) in die Masse geben und mit dem Schneebesen gut verrühren.

Mit Salz und Pfeffer würzen.

Tip:

Dieser Bierteig ist besonders gut geeignet für einen dünnen, knusprigen Überzug am Backgut.
Das Backgut muss gut gemehlt sein.
Dieser Bierteig eignet sich auch für die Zubereitung von verschiedenen Gemüsen, Fisch oder Geflügel, z. B. Schwarzwurzeln, Blumenkohl, Zucchetti, Auberginen, Fischfilets und kleineren Geflügelstücken.

SCHUPFNUDELN MIT BROTBRÖSEL

4 Portionen

Zutaten:	
80 g	Butter
650 g	Schupfnudeln, frisch oder aufgetaut
4 EL	helles Paniermehl

Zubereitung:

Butter in einer grossen Teflonpfanne erhitzen.

Schupfnudeln dazugeben und etwas erwärmen.

Paniermehl dazugeben und unter ständigem Schwenken leicht braun rösten.

Anrichten:

In verschiedenen vorhergehenden Rezepten wurden bereits Anregungen gegeben, zu welchen Gerichten sich Schupfnudeln eignen.

Gekochte Schnupfnudeln mit hellem Paniermehl in der Butter rösten.

SCHUPFNUDELN

1,3 kg

Zutaten:	
1 kg	Kartoffeln
2 St	Eier
250 g	Mehl
1 EL	Salz
	Muskatnuss, gemahlen
	weisser Pfeffer aus der Mühle
	Mehl

Tip:

Schupfnudeln eignen sich sehr gut zum Tiefkühlen. Man legt sie lose auf ein grosses Blech, lässt sie gefrieren und verpackt sie anschliessend in Beuteln. Zur Herstellung von Schupfnudeln eignen sich am besten mehlige Lagerkartoffeln wie Urgenta und Desirée.

Zubereitung:

Kartoffeln schälen, in Salzwasser kochen, abschütten und auf einem Blech auskühlen lassen.

Die ausgekühlten Kartoffeln in grobe Stücke schneiden und durch ein feines Sieb in eine grosse Schüssel passieren. (Am besten eignet sich ein Passe-vite oder eine Kartoffelpresse).

Eier in einer kleinen Schüssel aufschlagen und verquirlen.

Mehl und Eier zu den Kartoffeln geben, mit Salz, Muskat und Pfeffer würzen.

Mit einem Kochlöffel alles vorsichtig vermengen, nicht kneten!

Etwas Mehl auf einen Tisch streuen, die Kartoffelmasse von Hand zu ca. 2,5 cm dicken Strängen ausrollen.

Anschliessend den Kartoffelstrang etwas andrücken, so dass er leicht oval wird.

Mit einem Messer schräge, gleichmässig breite Stücke von ca. 15 g schneiden.

Die Stücke zwischen den Handflächen ein wenig abrollen.

Schupfnudeln in mehreren Etappen in kochendes Salzwasser geben, warten, bis die oberen aufschwimmen und dann noch ca. 10 Sekunden ziehen lassen.

Schupfnudeln mit einer Lochkelle herausnehmen, sofort in kaltem Wasser abkühlen und abschütten.

Gekochte, trockene Kartoffeln durch das Püriersieb treiben.

Kartoffelmasse mit einem Kochlöffel vermischen.

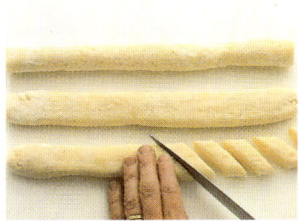

Aus der Kartoffelmasse ca. 2,5 cm dicke Rollen formen, diese leicht flach drücken und in schräge Stücke schneiden.

Schupfnudeln in der leicht gewölbten Hand abrollen.

GEMÜSEREIS

850 g

Zutaten:	
100 g	Karotten, geschält, in 5 mm-Würfel geschnitten
100 g	Zucchetti, geputzt, mit Schale, in 5 mm-Würfel geschnitten
50 g	Zwiebeln, geschält, in 5 mm-Würfel geschnitten
100 g	Lauch, geputzt, blättrig, 5 × 5 mm schneiden
100 g	Champignons, frisch, geputzt, in 5 mm-Würfel geschnitten
2 EL	Butter
240 g	Reis, kochfest
	Salz
	weisser Pfeffer aus der Mühle

Vorbereitung:

Reis kochen, abschütten und warm stellen.

Zubereitung:

Butter in einer mittleren Kasserolle erhitzen.

Lauch und Zwiebeln beigeben und kurz dünsten.

Zucchetti, Karotten und Champignonswürfel dazugeben, und alles miteinander unter öfterem Umrühren zugedeckt dämpfen.

Das Gemüse sollte noch knackig sein.

Gemüsemischung mit dem Reis vorsichtig vermischen und abschmecken.

Tip:

*Gemüsereis ist universell verwendbar.
Anregungen, wozu Gemüsereis als Beilage passt, wurden in mehreren vorhergehenden Rezepten gegeben.*

218

GRATIN DAUPHINOIS

4 bis 6 Portionen

Zutaten:	
1½ dl	Milch
1½ dl	Rahm
1 KL	Knoblauchzehe, fein gehackt
3 EL	Greyerzer Käse, gerieben
3 EL	Emmentaler Käse, gerieben
1 KL	Salz
	weisser Pfeffer aus der Mühle
450 g	Kartoffeln, geschält
1 EL	Butter
	Muskatnuss, gemahlen

Vorbereitung:

Backofen auf 180°C vorheizen.

Zubereitung:

Milch, Rahm, Knoblauch und geriebenen Emmentaler in eine grosse Schüssel geben.

Mit Salz, Pfeffer und Muskat abschmecken und gut mischen.

Kartoffeln mit einem Hobel oder einer Küchenmaschine in 2 mm dicke Scheiben direkt in die Schüssel schneiden.

Alles gut miteinander mischen.

Mit der Butter eine Gratinschale ausstreichen.

Die Masse einfüllen, schön verteilen und mit dem geriebenen Greyerzer Käse gleichmässig bestreuen.

Im Backofen auf der untersten Rille ca. 40 Minuten backen.

Tip:

Der Gratin sollte nicht höher als 2 cm eingefüllt werden. Der Gratin eignet sich vorzüglich zu allen Bratenstücken und zu Fleisch, das à la minute gebraten wurde. Mit Salaten oder Gemüsen serviert, ergibt Gratin dauphinois eine selbständige Hauptmahlzeit.

FRENCH DRESSING

1 Liter

Zutaten:	
2 dl	Wasser (1)
50 g	Zwiebeln, fein gehackt
1	kleine Knoblauch- zehe, fein gehackt
1 EL	Salz
	weisser Pfeffer aus der Mühle
50 g	Kartoffelstärke
1½ EL	Wasser (2)
1 St	Ei
1 EL	milder Tafelsenf
4½ dl	Sonnenblumenöl
1,7 dl	Weissweinessig

Zubereitung:

Wasser (1), Knoblauch, Zwiebeln und Salz in eine kleine Kasserolle geben und aufkochen lassen.

Kartoffelstärke mit Wasser (2) anrühren und unter stetigem Rühren (Schneebesen) in die Kasserolle geben, aufkochen und erkalten lassen.

Ei in eine grosse Schüssel geben, Tafelsenf beigeben und mit dem Schneebesen gut verrühren.

Das Sonnenblumenöl unter stetigem Rühren langsam hineinträufeln (so wie bei einer Mayonnaise), Essig und die gebundene Mischung unter Rühren beigeben.

Gut mischen.

Mit Pfeffer abschmecken.

Tip:

*Die Sauce kann auch in einer Küchenmaschine oder mit dem Mixer hergestellt werden.
Die Sauce in Glasflaschen abfüllen und im Kühlschrank aufbewahren.
Die Sauce ist, so aufbewahrt, ohne weiteres 4 bis 6 Wochen haltbar.*

ITALIAN DRESSING

1 Liter

Zutaten:

1 EL	milder Tafelsenf
1 KL	Knoblauchzehe, gehackt
1 EL	Salz
½ KL	weisser Pfeffer, gemahlen
1 dl	Rotweinessig
1½ dl	Rotwein
7 dl	Olivenöl, kaltgepresst

Zubereitung:

Tafelsenf, Knoblauch, Salz und Pfeffer in einer Schüssel gut miteinander verrühren.

Rotweinessig und Rotwein dazugeben, mit dem Schneebesen gut vermischen.

Olivenöl langsam, unter ständigem Rühren beigeben.

Tip:

Sauce vor Gebrauch immer gut aufrühren.
Die Sauce kann auch in einer Küchenmaschine oder mit dem Mixer hergestellt werden.
Die Sauce in Glasflaschen abfüllen und im Kühlschrank aufbewahren.
Die Sauce ist, so aufbewahrt, ohne weiteres 4 bis 6 Wochen haltbar.

ROQUEFORT DRESSING

4,5 dl

Zutaten:

4 dl	French Dressing (Grundrezept Seite 220)
65 g	Roquefort-Käse, ohne Rinde
1 KL	Petersilie, gehackt

Vorbereitung:

French Dressing bereitstellen.

Zubereitung:

Roquefort in kleine Stücke schneiden.

French Dressing in eine Schüssel geben, Roquefort beigeben und mit dem Mixer gut pürieren.

Petersilie daruntermischen.

Tip:

Die Sauce kann auch mit Gorgonzola zubereitet werden.
Die Sauce in Glasflaschen abfüllen und im Kühlschrank kühl stellen.
Roquefort Dressing passt ausgezeichnet zu weissem Chicorée, Icebergsalat, Stangensellerie usw.

ROSE ISLAND DRESSING

1,2 Liter

Zutaten:

2 St	Eigelb
240 g	Tomatenketchup
1½ EL	Tafelsenf, mild
20 g	Salz
	weisser Pfeffer aus der Mühle
1 EL	Zucker
90 g	Gewürzgurke, fein gehackt
90 g	Zuckersenfgurken, fein gehackt
5 dl	Sonnenblumenöl
1 dl	Weissweinessig
140 g	Wasser
1 Spritzer	Tabasco

Zubereitung:

Eigelbe in eine grosse Schüssel geben, Ketchup, Senf, Salz, Pfeffer und Zucker dazugeben und gut verrühren.

Gewürzgurke und Zuckersenfgurken beigeben.

Sonnenblumenöl langsam einlaufen lassen und unter stetigem Rühren mit dem Schneebesen darunterrühren.

Weissweinessig und Wasser dazugeben, vermischen und mit Tabasco abschmecken.

Tip:

Die Sauce kann auch in einer Küchenmaschine hergestellt werden.
Die Sauce in Glasflaschen abfüllen und im Kühlschrank aufbewahren.
Die Sauce ist, so aufbewahrt, ohne weiteres 4 bis 6 Wochen haltbar.
Der Dressing passt ausgezeichnet zu weissem Chicorée, Icebergsalat, Stangensellerie usw.
Die Sauce eignet sich auch sehr gut zu Salaten, welche mit Früchten vermischt sind.

JOGHURT DRESSING

1,2 Liter

Zutaten:	
2 dl	Wasser (1)
1 EL	Kartoffelstärke
1 EL	Wasser (2)
1 EL	Tafelsenf, mild
1,2 dl	Weissweinessig
1 EL	Salz
	weisser Pfeffer aus der Mühle
600 g	Joghurt nature
2,4 dl	Sonnenblumenöl
2 KL	Dill, fein gehackt
1 KL	Zitronenmelisse, fein gehackt
1 KL	Kerbelblätter, gehackt
½ KL	in Essig eingelegter Estragon, abgetropft, abgezupft, fein gehackt
1 KL	Pfefferminzblätter, fein gehackt
1 EL	Petersilie, gehackt
1 EL	Schnittlauch, geschnitten

Zubereitung:

Wasser (1) in einer kleinen Stielkasserolle erhitzen.

Kartoffelstärke und Wasser (2) anrühren und mit dem Schneebesen in Wasser (1) geben, unter Rühren kräftig aufkochen und anschliessend erkalten lassen.

Senf, Essig, Salz und Pfeffer dazugeben und gut verrühren.

Den Joghurt beifügen und mit dem Schneebesen oder Mixer gut durchrühren.

Das Sonnenblumenöl unter Rühren einfliessen lassen.

Alle Kräuter beigeben, kurz verrühren und abschmecken.

Tip:

Die Sauce kann auch in einer Küchenmaschine oder mit dem Mixer hergestellt werden.
Die Sauce in Glasflaschen abfüllen und im Kühlschrank aufbewahren.
Die Sauce ist, so aufbewahrt, ohne weiteres 4 bis 6 Wochen haltbar.

TOMATEN-SCHNITTLAUCH-VINAIGRETTE

2 dl

Zutaten:	
2 EL	Schalotten, geschält, gehackt
3 EL	Schnittlauch, geschnitten
2 EL	Weissweinessig
4 EL	Olivenöl
70 g	Tomatenwürfel (Seite 24)
	Salz
	weisser Pfeffer aus der Mühle

Zubereitung:

Schalotten in kochendes Wasser geben, einmal aufkochen, kalt abspülen und gut abtropfen lassen.

Den Weissweinessig und das Öl gut verrühren, alle Zutaten beigeben und mit Salz und Pfeffer abschmecken.

COLE SLAW SALAT

1 kg

Zutaten:	
1 kg	Weisskraut
65 g	Zucker
2 KL	Salz
375 g	Mayonnaise
4 EL	weisser Tafelessig

Vorbereitung:

Weisskraut putzen und in 6 Stücke schneiden.

Storzen herausschneiden.

Weisskraut mit Küchenmaschine oder Hobel in dünne Streifen schneiden und in eine grosse Schüssel geben.

Zucker und Salz beigeben, alles sehr gut vermischen.

Eine Stunde ziehen lassen.

Das Kraut in mehreren Etappen gut auspressen, in eine Schüssel geben und mit Mayonnaise und Essig vermischen.

Tip:

Am besten eignen sich feste, kleine Weisskrautköpfe. Wird das Kraut nicht, wie beschrieben, gut ausgedrückt, verdünnt die entstandene Flüssigkeit nach dem Zugeben der Mayonnaise den Salat. Er wird dadurch unansehnlich und schwimmt in einer unappetitlichen Sauce.

DILLRAHM-GURKENSALAT

500 g

Zutaten:	
500 g	Salatgurken, geschält, ohne Kerne
1 KL	Salz
50 g	Joghurt nature
1 KL	Tafelsenf, mild
2 EL	Rahm
	weisser Pfeffer aus der Mühle
1 EL	Dill, fein gehackt

Vorbereitung:

Gurken mit Hobel oder Küchenmaschine in feine Scheiben schneiden, in eine Schüssel geben, mit dem Salz vermischen und ca. eine Stunde ziehen lassen.

Zubereitung:

Joghurt, Senf und Rahm in eine Schüssel geben und verrühren.

Die marinierten Gurken sehr gut ausdrücken und zu der Sauce geben.

Dill dazugeben und mit Pfeffer abschmecken.

Alles gut mischen.

Tip:

Die Gurken müssen vorher mariniert und dann ausgedrückt werden, da sonst der Gurkensalat zu wässrig wird. Eine eigenwillige Geschmacksvariante: Nehmen Sie anstelle von Dill feine Streifen von frisch geschnittenen Pfefferminzblättern.

Rüst- und Verlust-Tabelle

Gemüse und Salate	Verlust	Multi-plikator
Auberginen gerüstet mit Schale, gewaschen	5%	1,05
Austernsaitlinge geputzt	5%	1,05
Bambussprossen (Ds.), abgetropft	30%	1,43
Bohnen fein, gerüstet	10%	1,11
Broccoli gerüstet, in kleinen Röschen	50%	2,0
Champignons frisch, geputzt	3%	1,03
Chicorée rot, geputzt	25%	1,33
Eichblattsalat gerüstet	5%	1,05
Endivien Brüsseler geputzt	10%	1,11
Endivien frisée geputzt	35%	1,54
Fenchel gerüstet	25%	1,33
Friséesalat gerüstet	25%	1,33
Gurken geschält, ohne Kerne	40%	1,67
Icebergsalat gerüstet	12%	1,14
Karotten geschält	12%	1,14
Knoblauchzehen geschält	15%	1,18
Kopfsalat gerüstet	20%	1,25
Kürbis geschält, entkernt	32%	1,47
Lattughino gerüstet	10%	1,11
Lauch gerüstet	25%	1,33
Lollosalat gerüstet	10%	1,11
Nüsslisalat gerüstet	5%	1,05
Peperoni gelb und rot, ohne Kerne	22%	1,28
Pfifferlinge frisch, gerüstet	5%	1,05
Schalotten geschält	10%	1,11
Schwarzwurzeln geschält	15%	1,18
Sellerie (Knollen-) geschält	20%	1,25
Spinat (Blatt-) gerüstet	5%	1,05
Spinatblätter ohne Stiel	5%	1,05
Steinpilze frisch, geputzt	5%	1,05
Tomaten geschält, ohne Kerne	40%	1,67
Weisskraut gerüstet	20%	1,25
Zucchetti gerüstet, mit Schale	5%	1,05
Zwiebeln geschält	10%	1,11

Früchte	Verlust	Multi-plikator
Äpfel geschält, ohne Kerne	40%	1,67
Äpfel mit Schale, ohne Kerne	25%	1,33
Ananasscheiben frisch	54%	2,17
Avocados ohne Schale, ohne Kerne	35%	1,54
Bananen geschält	35%	1,54
Birnenschnitze frisch	5%	1,05
Erdbeeren gerüstet	10%	1,11
Grapefruits rot, geschält	38%	1,61
(Cavaillon-) Melonen entkernt	15%	1,18
(Cavaillon-)Melonen geschält, entkernt	35%	1,54
Orangenfilets	60%	2,5
Trauben blau, abgezupft	10%	1,11

Kräuter u. a.		
Basilikumblätter frisch	70%	3,33
Dill frisch, abgezupft	30%	1,43
Estragonblätter frisch, abgezupft	60%	2,5
Estragon in Essig eingelegt, abgetropft, abgezupft	82%	5,56
Fenchelkraut abgezupft	30%	1,43
Kerbelblätter frisch	50%	2,0
Majoran frisch, abgezupft	40%	1,67
Petersilie gehackt	50%	2,0
Pfefferminzblätter frisch	40%	1,67
Salbeiblätter frisch	50%	2,0
Mandeln gehobelt, geröstet	5%	1,05

Anwendungsbeispiel:

Ein Rezept verlangt 100 g Tomatenwürfel.
Tomaten: 40% Verlust = Multiplikator 1,67.
100 g x 1,67 = 167 g ganze Tomaten müssen Sie bereitstellen. (Natürlich auf eine vernünftige Grammzahl aufgerundet.)

DER WEIN ZUM ESSEN

Zum Dauerthema „Welcher Wein passt zu welchen Gerichten?" mögen zur Zeit allein im deutschen Sprachraum zwanzig oder mehr neuere oder ältere, dickere oder dünnere Bücher im Umlauf sein. Sie alle predigen einer empfehlungsbedürftigen Anhängerschar „Man nehme" oder „Man hüte sich". Und so erfährt der Leser, welche leichten Weissweine ausschliesslich zu Fisch passen und welche schweren Rotweine ein Wildgericht begleiten müssen.

Wirkliche Gourmets sehen das weniger eng. Wer soll ihnen denn vorschreiben, was ihnen zu schmecken hat? Wer will sie daran hindern, eine ungewöhnliche Kombination von Speisen und Wein zu entdecken? Und was ist schon daran, Ungewohntes auszuprobieren? Schliesslich haben sich Essen und Trinken in den letzten Jahren geändert – und damit auch die Vorstellungen von vollendeter Harmonie zwischen beidem.

Ueli Prager hat vor einiger Zeit geschrieben:

„Man muss sich klar sein, dass über das ‚Was passt zu was?' viel Unsinn erzählt wird und dass natürlich jede Gegend Weine erzeugt, die nach Auffassung ihrer Produzenten zu allem passen. Wenn mir der Sinn nach einer Forelle steht und ich gleichzeitig Lust auf ein Glas Chiroubles verspüre, warum soll ich dann nicht einen Roten zum Fisch trinken? Eine der besten Regeln: ‚Erlaubt ist, was gefällt.' Einige wenige andere, die wichtig sind:

– Es gibt süsse Weine wie Château Lafaurie-Peyraguey oder Château d'Yquem, d. h. gute Sauternes, die, gut gekühlt und in kleinen Quantitäten, zu Gänseleber oder Terrine am Anfang der Mahlzeit passen. (Das ist eigentlich die Ausnahme, die die Regel bestätigt.)

Spanische Harmonie!

Schweizer Weine – die idealen
Begleiter zu vielem.

- *Die Regel ist, dass Weisswein vor dem Rotwein serviert wird.*
- *Die Regel ist, dass ein leichter Wein vor einem schweren auf den Tisch kommt, also ein Bordeaux, der nicht sehr alkoholreich ist, vor einem schweren Burgunder oder einem Châteauneuf-du-Pape. Eine Ausnahme bilden alte, reife Pomerols oder Crus classés du Médoc.*
- *Die Regel ist, dass zu Salat und sauren Sachen kein Wein serviert wird*
- *Die Regel ist, dass bei Genuss von Schokolade kein Wein mehr trinkbar ist.*
- *Die Regel ist, dass zu Käse praktisch jeder Wein gut passt, weiss oder rot, nur sollte er keine Restsüsse haben. Auch diese Regel kennt ihre Ausnahmen: Ein alter Porto harmoniert sehr schön zu reifem Blauschimmelkäse wie etwa Stilton.*
Im übrigen ist ein bisschen ‚Savoir-vivre' stets ein guter Ratgeber."

ÜBER AUSSCHANKTEMPERATUREN

Es ist eine Binsenwahrheit, dass Weiss- und Roséweine recht kühl und Rotweine merklich wärmer ausgeschenkt und getrunken werden. Doch darüber, wie kühl oder warm sie sein sollten, gehen die Meinungen auseinander.
Noch immer geistert für gehaltvolle Rotweine die Empfehlung „chambriert" durch die Literatur, die Gaststätten und die Haushaltungen. Wein in Zimmertemperatur vorzusetzen, mochte einmal sinnvoll gewesen sein, als die Bürgerhäuser noch so grosse Räume und dicke Mauern hatten, dass sie winters auf vielleicht 17, 18 Grad geheizt werden konnten und sich sommers auch nicht viel über

diese Marke erwärmten. Wir sind indessen an Raumtemperaturen von 21 und mehr Grad gewöhnt, und bei diesen Verhältnissen beginnt auch ein schwerer Rotwein schal und mitunter leicht stechend zu schmecken.

Umgekehrt wird für Sekt und Champagner eine Temperatur von 6–8 Grad empfohlen. Das mag für den Ausschank richtig sein, denn je höher die Temperatur, desto mehr Kohlensäure verflüchtigt sich. Andererseits kann sich in sehr kaltem Wein das Aroma nicht entwickeln, und zudem werden die Geschmackspapillen durch den Kälteschock betäubt. Wirklichen Genuss bietet sehr kühl servierter Champagner darum erst nach einigen Minuten im Glas, wenn er sich leicht erwärmt hat.

Weil Wein allmählich die Umgebungstemperatur annimmt, ist es im allgemeinen besser, wenn er eine Spur zu kühl als zu warm vorgesetzt wird. Fast immer bewährt es sich, ihn vor dem Essen direkt aus dem Keller zu holen, Rotweine vielleicht 1–2 Stunden vorher, Rosé- und Weissweine unmittelbar davor. Sollte die Kellertemperatur für einen Weisswein zu hoch sein, kann er immer noch im Eiskübel gedreht und so auf die ideale Trinktemperatur gebracht werden. Das bekommt ihm allemal besser als ein längerer Aufenthalt im Kühlschrank, unter dem das subtile Bouquet leiden könnte.

Die nachstehenden Angaben sind Richtlinien für die Trinktemperaturen. Die Ausschanktemperaturen können etwas darunter liegen.

Sekt und Champagner, natursüsse Weine (u. a. Sauternes)	*7–8 Grad C*
Junge und spritzige Weissweine (La Côte, Neuchâtel)	*9–10 Grad C*
Rosé	*10–11 Grad C*
Schwere, volle Weissweine (Burgunder, Kalifornier)	*12–13 Grad C*
Leichte Rotweine, „Landweine" (z. B. Züribieter)	*13–15 Grad C*
Mittelschwere Rotweine (Dôle, Salvagnin)	*14–16 Grad C*
Gehaltvolle, grosse, alte Rotweine (Bordeaux Grands Crus, Burgunder, Crus der Côtes du Rhône)	*16–18 Grad C*

Die Wahrheit im Wein kommt im Glase ans Licht

Bei den Gläsern ist die Angebotsvielfalt fast ebenso üppig wie bei den Weinen. In fast allen Weinbauregionen haben sich eigene Gläsertraditionen entwickelt, die oft den Anspruch erheben, für den Wein aus der betreffenden Region „einzig richtig" zu sein. Die meisten Weinbücher sind da viel bescheidener und begnügen sich mit der Empfehlung von vielleicht zehn oder zwölf Gläsertypen.

Im Grunde genommen reichen sehr wenige Modelle. Mancher gestandene Gourmet behauptet sogar, er komme mit einem einzigen Glas aus, der „Tulipe", in welcher Rot- und Weissweine, aber auch Spirituosen sich voll entfalten können.

Die „Tulipe": das passende
Glas für jeden Wein.

Wie sieht denn das ideale Weinglas aus?

Vor allem andern hat es *weder Schliff noch Tönung.* Rauchfarbiges Glas mag
sehr dezent und geschliffenes Bleikristall sehr edel wirken, doch darin lassen
sich Farbe, Klarheit und natürliche Reflexe des Weins nur unzulänglich wahr-
nehmen und würdigen. Dabei ist gerade das Farbenspiel und Funkeln im Glas
ein Teil des Weinerlebnisses. „Die Augen geniessen mit."

In fast jedem Fall optimal sind *bauchige Gläser, die sich nach oben verengen.* Sie
sollten zudem so gross und so geformt sein, dass der Flüssigkeitsspiegel bei der
normalen Füllmenge von einem Deziliter bei der grössten Weite des Glases liegt.
Der Grund leuchtet ein: An einer grossen Oberfläche entwickelt sich viel Duft,
im grossen Hohlraum darüber sammelt er sich, an der verengten Öffnung kon-
zentriert er sich, um besonders verführerisch in die Nase zu steigen.

Diese Voraussetzungen sind beispielsweise bei der erwähnten „Tulipe" erfüllt
und mehr oder weniger auch bei den gebräuchlichsten Rotweingläsern: beim
sehr bauchigen „Ballon" oder Burgunderkelch, beim schlankeren, höheren
Bordeauxglas und selbst beim herkömmlichen Cognacschwenker.

Grundsätzlich gilt dasselbe für Weissweine, obschon wir in der Schweiz meistens
an kleine und oft becherförmige Gläser gewöhnt sind. Das mag damit zusam-
menhängen, dass wir mehrheitlich Schweizer Weissweine und diese generell
sehr jung trinken. Doch auch ihnen sollte man ein Glas gönnen, in dem sich das
Duftvolumen konzentrieren und entfalten kann.

Eine Ausnahme bildet das Champagnerglas. Die schmale und hohe „Flûte" ist
durchaus sinnvoll, da an der kleinen Oberfläche die Kohlensäure nicht so rasch
entweicht.

Dekantieren: wann und warum?

Dekantieren ist das behutsame Umgiessen eines Weins in eine Karaffe. Das
feierliche Zeremoniell wird manchmal als Brimborium belächelt. Das kann es
auch sein, wenn Weine dekantiert werden, die es nicht nötig haben. In zwei
Fällen ist das Dekantieren jedoch nützlich oder gar notwendig:

Dekantieren: Behutsames
Umgiessen eines Weines in
eine Karaffe.

Zum einen bei jungen, noch etwas verschlossenen Weinen, die man „lüften" möchte. Hier erübrigt sich sonst erforderliche Behutsamkeit. Der Wein wird, je nach Reife und „Härte", ein, zwei oder mehr Stunden vor dem Essen umgegossen, damit er etwas Sauerstoff aufnehmen und „aufblühen" kann.

Zum andern bei grossen, extraktreichen und alten Rotweinen, die man vom Depot trennen möchte, das sich im Laufe der Jahre in der Flasche gebildet hat. Dieses Depot beeinträchtigt zwar den Wein in keiner Weise, doch im Glas wirken die bräunlichen Schlieren etwas unästhetisch.

Zu diesem Zweck dekantiert werden in der Regel grosse Weine, die sieben bis zehn Jahre alt oder älter sind, und zwar vor allem Bordeaux, Burgunder, ausgesuchte Rhône-Weine wie Côte Rôtie, Hermitage und Châteauneuf-du-Pape, noble Italiener wie Barolo und Brunello di Montalcino. Sehr wichtig ist das Dekantieren beim Vintage Port, da er besonders viel Depot entwickelt.

Das Zeremoniell erfordert eine sichere Hand und etwas Erfahrung. Eine genaue und illustrierte Anleitung finden Sie im Büchlein „Kleine Weinkunde" der Caves Mövenpick, die Ihnen hiermit viele vollendete Harmonien von feinem Essen und feinem Wein wünschen.

TRINKKULTUR BEI MÖVENPICK

Von Anfang an setzte sich Ueli Prager als Gastronom zwei grundsätzliche Ziele – nämlich die Kunst des guten Essens mit der Kunst des feinen Trinkens zu vermählen: „l'art de bien-manger" und „l'art de bien-boire". Schliesslich machen beide Kulturen einen grossen Teil der Lebensfreude aus!

Um seinen Gästen eine individuelle Trinkkultur zu ermöglichen, lancierte Mövenpick ein aussergewöhnliches Angebot, das heute zur unumstösslichen und vielkopierten Institution geworden ist: der Wein des Monats.

DER WEIN DES MONATS

Das Leitmotiv „Der Gast, der einen Wein des Monats trinkt, soll das Gefühl haben, sich etwas Besonderes erlaubt zu haben", sagt schon fast alles. Der Wein des Monats ist immer ein Qualitätswein aus dem Sortiment der Caves Mövenpick. Den Wein des Monats gibt es im Offenausschank, in einem speziellen Glas mit 1-dl-Markierung. Damit kann der Mövenpick-Gast einen Qualitätswein trinken, den es sonst nur flaschenweise gibt.

DIE CAVES MÖVENPICK: IN GUTEM WEINVERNEHMEN

Wer an die Weine so hohe Ansprüche stellt, kann sie nicht unbesehen im Handel kaufen, sondern muss sie selbst bei den Produzenten aufstöbern. Und von Jahr zu Jahr von neuem prüfen, auswählen, was neben den Kenntnissen viel Zeit und Geld kostet. Da diese komplexe Aufgabe schon bald einmal nicht länger der Mövenpick Einkaufsabteilung übertragen werden konnte, wurden 1968 mitten im Waadtländer Weinbaugebiet „La Côte" die Caves Mövenpick in Bursins gegründet. Damit konnte Mövenpick auch seinen Kunden einen weiteren Gefallen tun, nämlich seine Weinkenntnisse und Weine einer Privatkundschaft zugänglich machen. Es folgten regionale Weinkeller in Basel, Bern und Zürich,

Unsere Weinkeller: Weineinkaufserlebnis wie beim Produzenten.

Zollikon und Dietikon, die allesamt einen regen Direktverkauf pflegen, und zwar nach diesen *sieben goldenen Regeln:*

Wir betrachten Wein nicht als Markenartikel.

1. Wir sind den „vins fins", den hochwertigen Qualitätserzeugnissen, und nicht dem Massenmarkt verpflichtet.
2. Wir kaufen von jeder Gegend und von jeder Provenienz nur Spitzen-qualitäten.
3. Wir nehmen uns Zeit, um bei den Produzenten Hunderte von Sorten zu degustieren und zu analysieren, bevor wir uns entscheiden.
4. Unser Önologe begleitet die Weine auf ihrem Weg vom Produzenten bis in unsere Keller.
5. Wir wollen unsere Kunden ehrlich und sachlich beraten; unsere Aussagen sind wahrheitsgetreu.
6. Wir unterhalten grosse Lager, um unseren Kunden sowohl junge wie auch voll ausgereifte Weine bieten zu können.
7. Jeden Wein, der nicht hält, was er verspricht, nehmen wir anstandslos zurück.

Aus diesen Gründen dürfen Sie in Mövenpick-Weinen ruhig nach der Wahrheit suchen – im Degustationsglas kommt sie ans Licht ...

Vierzig Jahre Mövenpick

Die erste Angebotskarte.

Mövenpick in seiner Vielseitigkeit

Der Anspruch auf Vielseitigkeit zwingt Mövenpick seit der Eröffnung des ersten Restaurants im Jahre 1948 im damals grössten Bürohaus der Schweiz – im Claridenhof Zürich – zu ständiger schöpferischer Aktivität. Zu den konsequent verfolgten Ansprüchen der allerersten Stunde gehörten auch Verzichte: auf kostspielige Tischtücher und Blumendekoration, auf zusätzliche Schüsseln und Platten. Dazu kamen die Entdeckung der Meeresfrüchte, der Offenausschank von Flaschenweinen, Phantasie und Ungezwungenheit als Ausdruck einer neuen Lebensfreude.

Vom Ur-Mövenpick zu den vielfältigsten Restauranttypen

Nach der Eröffnung von zwei weiteren Mövenpick-Restaurants in Zürich wagte ihr Gründer Ueli Prager den Schritt nach Luzern und Bern. Das Zitat aus „Faust": „Wer vieles bringt, wird manchem etwas bringen", wandte Mövenpick nicht nur auf die Speisekarte, sondern auch auf das Dekor an. So entstanden je nach Landesgegend und Mentalität der dort beheimateten Menschen ganz unterschiedliche Restaurants. Vor allem in der französischen Schweiz war von Anfang an klar, dass sich nicht alle Deutschschweizer Liebhabereien einfach übertragen liessen.
1958 entstand in Zürich die *Multi-Restaurant-Idee*, d.h. verschiedene Restauranttypen unter einem Dach. Im Mövenpick Dreikönighaus gab es ausser dem Restaurant mit Essbar auch eine Rôtisserie, einen Beef Club mit vorverlagerter Bar sowie Banketträume. Einmal mehr hat Ueli Prager mit seinen neuen Restauranttypen Weitsicht demonstriert.

Gut in kleinen Dingen.

Unser erstes Gebot: zufriedene Gäste.

Im Dreikönighaus entstand auch die erste Steh-Bar mit „Take-out", d.h. dem *Verkauf über die Gasse.* Dadurch erhielt der Gast die Möglichkeit, das Besondere am Mövenpick – etwa die selbstgeräucherten Lachsspezialitäten, einen herrlichen Sonntagszopf, den speziellen Mövenpick-Champagner, den himmlischen Kaffee und die exquisiten Kuchen und Torten – auch in den eigenen vier Wänden zu geniessen.

Schnellimbiss auf Schweizer Art

Mit der Einführung der kurzen Mittagszeit wurde das Bedürfnis, eine Kleinigkeit zu essen, immer grösser. Überhaupt machten feste Essenszeiten mehr und mehr einer spontanen, ungeplanten Verpflegungsweise Platz. Drei Jahre wurden dafür verwendet, das Problem des schnellen Service zu fast jeder Tages- und Nachtzeit eingehend zu studieren. Von der amerikanischen Art hielten die verwöhnten Schweizerinnen und Schweizer nicht viel – also schuf Prager einen schweizerischen Schnellimbiss-Typ: Die Gäste setzen sich an U-förmige Essbars und werden nach dem Prinzip der Einfachheit (Kugel) und der Sauberkeit (Silber) schnell, gut und preiswert bedient. 1962 konnte die erste „Silberkugel" in der Heimatstadt Zürich eröffnet werden.

Schon sechs Jahre später erschloss dieser inzwischen etablierte und erfolgreiche Restauranttyp eine neue Dimension. An der Autobahn Bern-Zürich entstand die erste Silberkugel-Autobahnraststätte; weitere folgten, und schon fünf Jahre später wurde die *Mövenpick-Shopping-Brücke* mit 140 Metern Spannweite über die sechsspurige Autobahn kurz vor Zürich eröffnet.

Mit dem Aufkommen grosser Einkaufszentren entstand dann schliesslich noch ein neuer Restauranttyp: *„Cindy"* – für die junge Generation. In den beiden Restauranttypen „Silberkugel" und „Cindy" wird *alles auch zum Mitnehmen* angeboten. Wonach es Sie immer gelüstet, „über die Gasse" können Sie alles zweckmässig verpackt für daheim besorgen.

Auch heute beschreitet man immer wieder neue Wege, schliesslich ist Mövenpick aus dem Mut entstanden, anders zu sein, mit unkonventionellen Ideen die Zukunft anzugehen.

Da ist das „Marché", eine neue gastronomische Formel, welche den Gast mit dem Menschen am Kochherd in Kontakt bringt. Eine pulsierende Marktatmosphäre mit stets frisch zubereiteten Spezialitäten.

Da ist das „Caveau", das Wein-Pub als Lokal gelebter Wein-Kultur für Weinliebhaber und Weinfreunde und alle, die es werden möchten.

235

Unser Hotel in Luxor ist fürwahr ein paradiesischer Garten.

IN DIE FERNE SCHWEIFEN...

In einem Touristenland wie der Schweiz ist es schwierig, innovative gastronomische Geheimnisse zu bewahren. Darum wurde Ueli Prager gebeten, seine Idee doch auch in Deutschland zu verwirklichen, was er mit der Eröffnung des ersten Mövenpick-Restaurants in München in die Tat umsetzte. Heute verwöhnen wir in 35 Restaurants und 8 Hotels unsere Gäste in Deutschland, und die verschiedenen Mövenpick-Restaurants sind aus der deutschen gastronomischen Szene nicht mehr wegzudenken. Aber auch in Paris, Toronto, Tokio, in Singapur, Kuwait, Saudi-Arabien, ja selbst in Peking erwartet Sie Mövenpick.

VOM ZÜRCHER RESTAURATEUR ZUM WELTWEITEN HOTELIER

1956 übernahm Ueli Prager nach dem Tode seines Vaters mit seinem Bruder Peter den väterlichen Hotelbetrieb Carlton Elite an der Zürcher Bahnhofstrasse. Mit einem typischen englischen Pub und der Erneuerung des eleganten Restaurants „Locanda" brachte Ueli Prager seine neuen Erfahrungen ein, doch das erste eigene Hotel entstand erst 1966 am Stadtrand Zürichs, das „Jolie Ville Motor Inn". Der Einstieg ins Hotelgeschäft erfolgte dann 1973 mit den beiden bedeutenden Hotels beim Zürcher Flughafen und in Zürich-Regensdorf. Seit den 80er Jahren wird die Hotelgruppe gezielt weiterentwickelt: Von Impulsen aus Deutschland ausgehend, entstanden die *Mövenpick Hotels International* mit zur Zeit über 20 Betrieben rund um die Welt. Die Vielseitigkeit kommt in den Hotels genauso zur Anwendung wie in den Restaurants und macht die Marke Mövenpick unverwechselbar. Die Gastronomie wird in den Mövenpick-Hotels gross geschrieben: ein *Frühstücks-*

Mövenpick hat Kinder gern!

236

Keiner zu klein …

Mövenpick-Lachs behutsam geräuchert von unserem Rauchmeister.

Buffet, das keine Wünsche offen lässt, je nach Ort und Typ ein ausgedehnter *Familien-Brunch*, oder einfach die Tatsache, dass man auch um drei Uhr nachmittags typische Mövenpick Spezialitäten geniessen kann.

„Made by Mövenpick"

Alles fing mit dem „Himmlischen" an, Mövenpicks Kaffee-Hausmischung. Weil immer wieder Gäste danach fragten, entstand die Verkaufsidee „Über die Gasse". Und weil Kaffee offen nicht lange röstfrisch bleibt, musste eine geeignete Packung gefunden werden – und schon war der erste *Mövenpick-Markenartikel* geboren. Bald folgten Tee-Mischungen, Torten und der grosse Mövenpick-Stolz: *Premium Ice Cream* in vielen Geschmacksrichtungen. Dann die unvergleichlich frischen *Salatsaucen* oder die köstlichen *Fischspezialitäten* aus der eigenen Räucherei. Und aus den „*Caves Mövenpick*" Qualitätsweine, Spezialitäten-Angebote, kurz: „Qualität in lebendiger Vielgestaltigkeit".

FACHBEGRIFFE UND SCHWEIZERISCHE AUSDRÜCKE

Auberginen	*Eierfrüchte*
Baguettes	*grobe Stäbchen*
Baumnusskerne	*Walnusskerne*
Bircherraffel	*Müslireibe*
Bouillon	*Fleischbrühe*
Bricelet	*flache Gebäckspezialität, z. B. für Eis*
Chianti-Essig	*italienischer Rotweinessig*
Chicorino rosso	*roter Chicorée*
weisser Chicorée	*Brüsseler Endivie*
Cornets	*Eiswaffeln*
Couverture	*dunkle Blockschokolade*
Croûtes	*krosser, kleiner Toast*
Ds.	*Dose*
Eierschwämmchen/ Chanterelles	*Pfifferlinge*
Feuilleté	*Blätterteiggebäck*
gehobelt	*feine Blättchen, z. B. Mandeln*
geschnetzelt	*blättrig geschnitten*
Gewürzgurken	*eingelegte Gurken*
Gigot	*Lammkeule*
Glace	*Speiseeis*
Glaceschöpfer	*Eisportionierer*
Goujons	*schräggeschnittene fingerdicke Streifen*
Grapefruit	*Pampelmuse*
Hüppenrolle	*gerollte Gebäckspezialität, z. B. für Eis*
Kabissalat	*Weisskrautsalat*
Lattughino	*grün-roter Schnittsalat*
Lollo	*grün-roter Blattsalat*
Madère	*Madeira (Süsswein)*
Magronen	*Schweizer Spezial-Teigwarenform*
Nüssli-Salat	*Feldsalat, Ackersalat*
Parmesan	*italienischer Hartkäse*
Pelati (Ds.)	*Tomaten, geschält, in Dosen*
Penne	*schräggeschnittene Teigwaren*
Peperoni	*Paprikaschoten*

Rahm	*Sahne*
rezent	*würzig, leicht scharf*
Rondellen	*ausgestochene runde Teig- oder Brotscheiben*
Rösti	*Schweizer Kartoffelspezialität*
Röstiraffel	*Reibe für Schweizer Kartoffelspezialität*
Sbrinzkäse	*Schweizer Hartkäse zum Reiben*
Scampi	*Kaisergranat oder Langoustines*
Schalotten	*spezielle kleine Zwiebelsorte*
Schupfnudeln	*Kartoffelspezialität*
Schweinsbratwurstbrät	*rohe Füllung der Schweinsbratwurst*
Schweinshuft	*Schweinehüfte*
stupfen	*mit einer Gabel einstechen*
Tranche	*Scheibe*
Zucchetti	*Zucchini*

REZEPTVERZEICHNIS